Follow Your Heart: 21 Days to a Happier, More Fulfilling Life

「考える」より「感じる」を
大切にすることが幸せへの近道

[著] = ヘンリ・ユンティラ
Henri Junttila

[訳] = 栗宇 美帆
Miho Kuriu

理屈や怖れで幸せを邪魔する「頭」を離れ、
今のすなおな気持ちを表す「心」に従う生き方へ

VOICE

FOLLOW YOUR HEART: 21 Days to a Happier, More Fulfilling Life

by

Henri Junttila

Copyright© 2013 by Henri Junttila
Japanese translation rights arranged with
Henri Junttila, Tornio through Tuttle-Mori Agency, Inc., Tokyo

Bookdesign
Yumiko Fujii

Illustration
designed by Freepik

はじめに

　私は、少し前まで人生に虚しさを感じていました。お金は稼いでいましたし、友人もいましたから、外から見るとすべてがうまくいっているように見えたでしょう。でも心の中では、なにかが欠けているように感じていました。
　どういうわけか自分の心、自分の意図に従って生きていませんでした。表面的な喜びばかりを追っていました。お金があれば幸せになると思っていたのですが、違っていました。恋愛が自分を幸せにしてくれると思ったこともありましたが、それも違いました。ありとあらゆることを試し、そしてとうとう答えを見つけたのです。
　自分の心に従うことだったのです。初めのうち、私はこの答えに対し懐疑的でした。というのもこの言葉が意味の全くわからない呪文のように思えたからです。しかし自分の喜び、ときめき、そしてワクワクに従えば従うほど、幸せになり、満たされていくのを実感しました。
　とはいえ、始めてみると、心に沿った生き方が容易ではないということもわかりました。始めてすぐに、前に進みたければ、自分の中の悪魔と向き合わなければならないことを悟りました。それは、他の人がどう思うかへの不安であり、失敗への怖れでした。心が私をどこへ導こうとしているのかが見えなかったため、無力感、迷い、挫折感に襲われました。
　人生のすべてのことについて綿密な設計図を作って論理

的に生きるほうが簡単に思えますが、私はそれまでにその生き方をさんざんしてきていたので、それではうまくいかないことがわかっていました。もうなにも失うものはなかったので、心に従うと決め、それによって人生が変わったのです。よく聞く話だと思われるかも知れませんが、これが実際に起きたことなのです。

　私は決して完璧な人間ではないので、これからも学びは続きます。しかし私の人生がたった数年でがらりと変わったのは事実です。ですから誰でも自分の心、意図、内なる知恵を活用することが可能だと信じています。

　永遠に続く幸せと満足感は、なにかを達成したり手に入れたりすることでは得られません。勇気をもって自分の内面を見つめ、内なる悪魔と向き合い、心に従うことで得られるのです。ほとんどの人はこれをしようとしませんが、自分の意図に従うことは、思うほど恐ろしいことではありません。

　心に従うと、人生の流れにつながります。そうなると想像もしなかった方向へと促されます。もはや人生を掌握しようとは思わなくなります。ストレスは溶けて無くなります。幸せが拡大し、より多くの満足を感じるようになります。

　そして嬉しいことに、誰でもそうした生き方をすることができます。なぜなら私たちには心があるからです。重要なのは、あなた自身にはそのプロセスがどのように見えるかを見つけることです。ですから、この本では実際に試してみることを強くお勧めしています。**なにをしたらよいか**

をお伝えするためにこの本を書いているわけではありません。私にとって役に立ったもの、立たなかったものを伝えることで、それを読んだあなたが自分にとって役に立つかどうかを試すことができるようにするためです。

　今の私にはあの虚しさはありません。お金儲けに走ってもいませんし、昔のように不安でもありません。大好きな仕事をし、生きていることにワクワクしながら目覚めます。それはすべて、勇気を持って自分の心に従うと決めたからです。

　必要な答えはすべてあなたの中にあります。心の声を聞くことで、内なる知恵を使うことができます。それを実行するための現実的で地に足のついた方法を発見することに興味があるなら、この先に進んでください。

目 次

はじめに ……………………………………… *003*
この本の使い方 ……………………………… *008*

   1日目：つながる ……………………………… *010*
   2日目：自分の反応に気づく ………………… *015*
   3日目：ベストは無理せず尽くす …………… *021*
   4日目：心をオープンにする ………………… *026*
   5日目：怖れと友だちになる ………………… *031*
   6日目：本来の自分になる …………………… *036*
   7日目：待つのをやめる ……………………… *041*
   8日目：正しい道を進む ……………………… *046*
   9日目：シンプルにする ……………………… *051*
 10日目：適切な決断をする …………………… *056*
 11日目：内なるアーティストを解き放つ …… *061*

12日目：人生の流れに身を任せる …………… 066
13日目：平静な心になる …………………… 071
14日目：心に運転を任せる ………………… 076
15日目：遊ぶ ………………………………… 081
16日目：きずなを断つ ……………………… 086
17日目：関係を進化させる ………………… 091
18日目：物事を個人攻撃として捉えない …… 096
19日目：豊かさを許す ……………………… 101
20日目：最初の1歩を踏み出す …………… 106
21日目：手放す ……………………………… 111

おわりに ……………………………………… 116

この本の使い方

　この本は21の章に分かれており、1章が1日分となっています。1日につき1つのテーマ、1つの角度に集中することで、心の中を深く掘り下げ、人生に幸せを増やすことができます。

　いつも言うように、私は新しいヒントであなたを驚かせて感動させようとするつもりはありません。あなたが現実に結果を手に入れることだけに焦点を絞っています。前者の手法をとれば本はもっと売れるでしょうが、私の心に響くのは後者なのです。ですからこの手法で執筆しています。

　この本の構成に沿って読む必要はありません。本書を初めから終わりまで読み進めながら、面白いと思ったヒントを試してもいいでしょう。読み終わったら、興味をもった章に戻り、その章の「心に沿った行動ステップ」を試してみてください。

　各章の最後には、その章で学んだことを行動に移すための具体的な3つのヒントが書かれています。これらのヒントは、心につながるとはどういうことかを明確にし、現実的な小さな行動を取りやすくするためのものです。

　私が「心に従う」というとき、心とは必ず存在する内なる知恵を示しています。**私たちの心の中には、私たちを案内しようと待っていてくれるGPSがあります。**内なる知恵、本能あるいは直感とも呼べるかも知れません。この知恵は考えるのではなく感じるものです。この呼び方よりも、

その知恵が示してくれるもののほうが重要です。
　私の言うことを**鵜呑みにせず、自分で試して**ください。本書に書かれていることがすべてあなたに合うとはかぎりません。そして**得た知識を使ってみることでしか**、人生に**幸せと満足を増やす方法を見つけることはできません**。
　では始めましょう。

1日目
つながる

「どんな方法で心があなたに語りかけているのか気づきましょう」

　心につながるのは、新しいラジオ局に周波数を合わせるのに似ています。ラジオ局の選択肢はたくさんあります。よく聞く局がすでに複数あるかもしれません。その中には心地よいものもあれば、後味の悪いものもあるかもしれません。

　心に周波数を合わせると、内なる知恵からのかすかな合図に気づくようになります。合図は頭の中に声が聞こえたり、神聖な感覚が降りてくるというようなものではありません（そういう場合もあるかもしれませんが）。もっとずっと些細なものです。**騒がしい部屋の中のささやき声に似ています。真剣に聞こうとしないと聞こえません。**

　心の声を聞き始めると、自然と適切な道へ導かれるようになります。人生により多くの幸せと喜びを感じられるようになります。一度にではありませんが、徐々に心とのつながりは強固になります。

1日目：つながる

　家を買ったとき、私は適切な決定をするために心とつながりました。魔法を使ったわけではありません。ただ胸の中心に意識を向けただけです。私と私のパートナーは家に求めるものが明確だったので、数カ月かけてそれを満たす家を探しました。最初の頃に訪ねていった家はどれもしっくりきませんでした。中には写真ではよさそうに見えたものや、条件的には文句のないものもあったのです。しかしどれも、家に1歩足を踏み入れた途端、違和感を覚えました。心が明確な「イエス」を出していませんでした。

　私にとっての明確な「イエス」とは、ウキウキする感じ、オープンで平和な感覚です。それがそのまま進んでよいという心からの合図なのです。心の声を聞き続けていくと、あなたの心の話しかけ方がわかるようになります。

　ある日、ある家が新たに売りに出されました。インターネット上で写真を見たのですが、これは違うなと思ったので私たちはほとんど忘れかけていました。ところが実際に行ってみるとその家は全く違って見え、ドアをくぐった途端に私の心は「イエス」を出しました。それでも私は入札を急ぎませんでした。まずは一晩眠ってから決断することにしました。睡眠は心が伝えようとしていることを明確に聞き取るのを助けてくれます。

　数日が過ぎ、「イエス」の声はより強くなりました。それでもまだ私は怖れと不安を感じていました。なんといっても、家を買うというのは大きな決断です。しかし必要なものはすべて揃っていることもわかっていました。そこで心に従い、入札をし、その家を手に入れたのです。

あなたも決断する際に心に助けてもらうことができます。家を買うといった大きな決断だけではありません。どの食べ物を買うか、誰と過ごすか、どの本を読むかといった小さな決断でも心は助けてくれます。
　私は人々が心につながるお手伝いをしてきて、多くの場合、一番最初の段階が最も難しいことに気づきました。自分がしていることに確信がないため、でたらめなことをしているような気がします。そしてそのうちに、無理矢理に心とつながろうとします。しかし、これらはどれも**自分にうまく機能することとしないことをはっきりさせるプロセスの一部**なのです。ですから、**気楽に構えて、うまくいかないことがあるものなのだ**と思っておいてください。
　要は、内なる知恵につながるとは、心があなたにどうやって語りかけているかを知ることなのです。心の声に一度も耳を傾けたことがないのなら、心とつながるようになるまでは時間がかかるかもしれませんが、ここは我慢です。一度つながりができてしまえば、心はもっと多くの喜び、意図、満足に向けて舵を切るのを手伝ってくれるようになります。

1日目：つながる

心に沿った行動ステップ

本書の各章には、すぐに取り入れられる3つの実践的な行動ステップが書かれています。あなたがその章で受け取ったことを実際に試し、なにが起こるか見るためのものです。今日の3ステップはこちらです。

Step 1　心に意識を向ける

間違いなく最初の1歩は、心があるということを認識し、なんらかの形であなたに話しかけているということに気づくことです。そのためには、目を閉じ、意識を両目の間から胸の中心へ持っていくと想像します。うまくできないと感じても、できると思うだけでかまいません。方法に正しいも間違いもありません。

Step 2　不安と怖れを受け入れる

長い間心に意識を向けることがなかった人は、不安や怖れを感じるかもしれません。もしそうであっても、怖れがそのままあることを許します。その感情に手を加えず、できるだけその感情を感じてください。やがて怖れは通り過ぎます。

Step 3 **初めはなにも感じなくても大丈夫**

ほとんどの人は初めはなにも感じません。とにかく意識を心に向け続ければ、そのうちに心がどうやって語りかけているかがわかるようになります。そうなるには、自分に優しくなることも必要です。できることには限界があります。ですので、できるだけのことをしたら、あとは人生のなるがままに任せましょう。最初にすることは、意識を胸の中心に向けることです。たとえなにも魔法が起きなくても。

2日目
自分の反応に気づく

「あなたは、どんなときに喜びや
苦痛を感じますか？」

　人は世界をあるがままに見ていないように、自分のこともあるがままに見ていません。自分の信じていること、生い立ち、そして現在の思考によって、体験していることに色が付けられます。人間であるなら、体験に対し主観を持たずにいることは不可能です。つまり**痛みや喜びは外的状況が原因なのではなく、それらにどう反応するかによって引き起こされる**ということです。

　例えば、お店で列に並んでいるときに、その列にいる人たちの中に誰1人としてあなたと同じ現実を経験している人はいません。あなたの気分、思考、信じていることによって、楽しいと感じるかイライラを感じるかが決まります。もし誰かのせいで列の進みが遅くなったらイライラするかもしれませんが、だからといって必ずしもそのイライラに支配されてしまうとはかぎりません。イライラの感情を味わい尽くし、受け入れると、次第にその感情は消えてしまいます。

反応を消すことができると言っているのではありません。私が言いたいのは、さまざまな状況で自分がどう反応するかに意識を向けるようになると、自分がどのようにして幸福感をつくり出すのか、あるいは苦痛をつくり出すのかが見えるようになるということです。

　なぜこんなことを言うのかというと、自分がどのようにして苦痛を生み出すのかがわかった途端に、反応の選択肢が増えるからです。すぐには反応を止めたり変えたりはできないかもしれませんが、反応に意識を向けるようになるだけで、適切な方向への1歩になります。

　人は初めからなににどう反応するかを決めて生まれてきているわけではありません。どう反応するかは、成長する過程で周囲の人を見て身につけていきます。こうした生い立ちが、人生をどう生きるか、そしてさまざまな状況にどう反応するかを大きく左右します。

　私の古い友人にいつも悲観的に物事を捉える人がいました。彼は他の人に対して懐疑的で、新しいことへの挑戦に慎重なタイプでした。十代の頃の私たちは似たもの同士で仲が良かったのです。しかし私が心に従って生きるようになると、考え方が異なっていきました。私がスペインに住んでいたときに、私たちは軽い自動車衝突事故に遭いました。事故は大したものではなく、2人とも多少の捻挫と痣ができただけでした。しかし、友人はこれによって一層心配性になり、一方で私は生きていることに幸せを感じるようになりました。

　この本を読んでいると、心に従うことと自分の生活に必

2日目：自分の反応に気づく

要なものを満たすことの両方はできない、という反応が起こるかもしれません。大好きなことをすることと家賃を払うことは両立しない、と。しかしほんの少しの間、その疑いの気持ちを止めてみてください。もし両方可能だとしたらどうでしょうか。実現している人たちが実際にいるのですから、あなたにも不可能なことではありません。徐々に喜びと意図を人生に取り入れながら、生活の必要も満たしていくことができます。進むのは一度に1歩ということを忘れないでください。

　生い立ちが生み出す反応を手放す魔法はありません。私に効果があったのは自分の反応を意識するようにしたことでした。そうするようになって、**なにかに反応したあとで気づくのではなく、反応に支配される前に自制できる**ようになりました。

　これは意識することで始まるゆっくりとした変化です。意識すればするほど反応の選択肢が増えます。

　気づくより前に反応していると、心に従うことができなくなります。心が、あなたが温めている小説に取りかかるよう合図を送ってきたとしても、あなたはうまくいかない理由をいろいろと考え始め、なにも行動しようとしないでしょう。

　性格を変える必要はありません。すべきことは、自分の中で起こる反応に気づくだけです。なぜなら暗闇に光を照らすだけで変化が始まるからです。

　反応がいかに喜びや苦痛をつくっているかに気づいた途端に、反応の選択肢が増えます。なにか新しいことに挑戦

したり、なにかを変えたりする必要はありません。ただ、さまざまな状況で自分がどう反応するかに注目してください。

2日目：自分の反応に気づく

心に沿った行動ステップ

今日は、物事に自分がどう反応するかに注目してください。初めはうまくできないかもしれません。というのも反応というのは、気づかないうちに自動的に起きてしまうものだからです。とにかくできる限りのことをしてみて、後はなるがままに任せてください。今日はこれをするための行動ステップです。

Step 1 **反応に意識を向ける**

自分がどのように現実を受け止めるかを知るプロセスは極めて単純です。自分の反応に意識を向けることから始まります。自分の内面の動きのパターンに気づくと、それが有益かどうかを判断することができます。それらが消えてくれることを期待するのではなく、ただそこにあることを許します。大抵の人は自分が人生に対しどう反応するかに気づかずに暮らしています。そういうものだと信じているからなのですが、その思い込みが彼らを変化させたり、より多くの喜びを受け取るのを止めています。

Step 2 **ありふれたことに注目する**

いきなり大きなものを追いかけようとしてはいけません。そうではなく、ものを床に落としたとき、つま先をぶつけたとき、お店で列に並んでいるときに、自分がどう反応するかにまず注目してください。どうなるのかを観察し、特に自分の内面に起こることに注意を向けてください。

Step 3 **変化はゆっくり**

反応の多くは長年あなたが行ってきたものですから、それを変えるには時間がかかります。無力感を覚えたときは頑張りすぎのサインです。1歩引いて、リラックスして、なるがままのペースでことが進むのに任せましょう。急ぐ必要はなにもありません。

3日目
ベストは無理せず尽くす

「大切なのは、自分を限界以上まで追い込むことではなく、
できたことに満足することです」

　幸せな人生を送りたいのなら、最善を尽くすことしかない、ということを受け入れてください。それには無理に進めようとしないことが必要です。**無力感を覚えたときは、できないことをしようとしているから１歩引きなさい、というサイン**です。

　多くの人にとって最大の敵は自分自身です。自分の行動に十分に満足することはありません。成功しても自らあら探しをします。ですから失敗したとなれば、それは悲惨なことになります。わかります、私もそうでしたから。

　わずか数年前まで、私はくたくたになるまで働くのが常でした。目標があり、できるだけ早く目的地に辿り着きたいと思っていました。目標を達成するまでは、満足することはひとつもありませんでした。やがて、どんなに目標を達成しても少しも幸せにはならないということに気づいたのです。また新たな目標を設定して、それを目指して頑張

ることが再び始まるだけだと。

　心を信頼するようになってから経験したさまざまなことを通し、自分にできるのは、今持っているものを使ってできるかぎりのことをするだけだ、ということに気づきました。単純すぎるように思えるかもしれませんが、実行してみると、自分に無理をさせていることのあまりの多さに驚きます。

　どういうわけか私たちは、なにをするにしても常に110％の力を出さなくてはいけないと教えられてきました。つまり、すでに能力の限界だったとしても、もっと働き、もっと行動し、もっと多くを達成しなければならないということです。

　仕事をしているときに感じる無力感や怖れ、挫折は、私にとって自分に無理を強いているというサインです。感情は心の声に従っているかどうかを教えてくれます。もし私が行き詰まって無理に進もうとすると、無力感に襲われます。無力感は私に、できる限りのことに、それ以上でもそれ以下でもなく、取り組むことに集中すればよいということを思い出させてくれます。

　鍵となるのは休憩です。注意しなくてはいけないのは、なによりも休む必要があるときこそ休みたいと思わない、という点です。無力感を抱え、進歩しないことに怒りを覚えるときは、自分にはできるということを証明したくなりますが、そういうときこそ1歩引くべきときなのです。ですのでそんなときには、私は映画を見に出かけたり、息子と遊んだり、散歩したり、とにかく仕事以外のことをし

3日目：ベストは無理せず尽くす

ます。

　自分が好きなことをオンライン・ビジネスにしたいと考えている人たちと仕事をすることがあるのですが、彼らはあまりにも成功を望むために、異常なほど自分を追い込みます。彼らは、物事には時間がかかり近道はないということを忘れています。できるかぎりの努力を真剣にしたら、後は脳が勝手に消化吸収するのに任せるべきです。

　できるかぎりのことをするとは、**無力感から逃げることではなく、いつどこでやめるかを知る**ということです。自分の力を限界までは発揮しても、限界を越えてしようとすることではありません。また、心の導きを信じてよいと実感することでもあります。常にもっとすべきという社会のルールに従う必要はありません。なぜならそれは、確実に不幸に突き進む道だからです。

　そうではなくリラックスして、最善を尽くしていると理解すればよいのです。心の声が聞こえなくても聞こうとはしているのですし、向上し再挑戦する限り、それでよいのです。できるかぎりのことをすればよい、という生き方をすると、気分がよいだけでなく人生の流れがスムーズになります。

心に沿った行動ステップ

できるかぎりのことで満足するように心掛けると、アクセルを踏む力が緩みます。フル稼働ではなく80％でよいと気づきます。以下のヒントを試してみてください。

Step 1 熱中のしすぎをやめる

自分をどれほど追い詰めているかを、よく注意して見ることから始めます。自分に向けてよく言う言葉で、自分はまだまだだと思わせる言葉はなんですか？　できるかぎりのことをするのでは足りないと思う原因はなんですか？　それはどこから来るのでしょう？

Step 2 今日だけ

できるかぎりのことをする実験です。私と同じＡ型行動人間（※アメリカの心臓学者ローゼンマンとフリードマンによる、心臓病を発症する危険性が高いタイプの人を示す）なら、全力の70％で行動するようにしてみてください。今日はいつもよりゆったりとしたペースで行動してください。自分に厳しくなっていないかに注意し、そうなっ

ているときは1歩引いてみてください。脳にこのペースで過ごすのは今日だけの実験だと言い聞かせてください。

Step 3 休憩を取る

休憩なんて取りたくない、と思ってはいませんか。しかし休憩は、あなたがしていることや学んでいることを脳と心が整理するのを助けます。休憩を取ることで頭がはっきりした状態を保て、これから直面する課題がどんなものであろうと今までよりも明晰に考えることができます。大げさなことをするのではなく、その時間を楽しんでください。ただし実際にしっかりと休むこと。たった10分の休憩でも大きな違いが生まれます。

4日目
心をオープンにする

「心に張り巡らせた壁が崩れたとき、
頭は心の召使いになるでしょう」

　ほんの数年前まで、私は悲観的で不幸な人間でした。論理的に意味が通らないことをするのは許せませんでした。心に従って生きることができるということすら知りませんでした。誤解しないでください、論理は今でも必要です。頭か心かという問題ではなく、両方を統合する必要があると知ることです。

　今では私の生き方は全く変わり、**頭は心の召使い**となっています。私たちはみな同じなのだということを心の底から実感しています。誰もが同じ怖れと欲求をもっています。「私たちはみな星屑でできている」（※カール・セーガン博士の言葉）のです。

　物乞いをする人の前を取り過ぎるときは、その人が求めているものは、本質的にあなたが求めているものと同じだということを思い出してください。その人も幸せになりたいし、痛みを避けたいのです。スーパーマーケットで店員

4日目：心をオープンにする

にお金を払うとき、その店員も人生に課題を抱えているということを思い出してください。その人にもお金の不安があって、人生がどうなるのかをあなたと同様に心配しています。

こんなふうに他の人とつながると、心がオープンになります。体験を通して自分が1人ではないと実感した途端に、胸を塞いでいた重石が外れます。自分が体験していることは特別なことではないのだと気づきます。

私たちは心を閉じ、周囲に防御の壁を張り巡らすことに慣れてしまっています。この壁が他の人から私たちを切り離します。すると孤独が生まれ、事態が悪化します。やみくもに誰でも人を信用しろということではありませんが、それでも心をオープンにすることはできます。

数日前、私は食料品を買いにショッピングモールに行きました（行きつけのスーパーマーケットがモールの中にあるのです）。そこで行き交う大多数の人たちは厳しい表情をしていました。彼らの心は心配と怖れでいっぱいでした。そしてそのとき、気づいたのです。どんなに人を寄せ付けないような表情をしていても、傷つきやすい心、満たされていない願望が、そうした顔の下には、あるということに。

どんな外見や肌の色をしているかは重要ではありません。私たちは、人間という1つの家族の一員だからです。このことに思い至った途端、私の心はオープンになりました。私を見た人はみな、私がなぜ微笑んでいるのか不思議に思ったはずです。

というように心をオープンにするため、私たちはみなつ

ながっているということに私は注目しました。みな同じ怖れと夢を持っています。私が自分の人生を良くしたいのですから、他の人もそうなのです。

　これは誰かを哀れむということではありません。哀れみは他の人から自分を切り離します。そうではなく、これは思いやりです。**どんな苦痛があっても私たちはできるかぎりのことをし、苦痛を自分たちの温かい心で包み込むことができる**ということを理解することです。

　仏教には、他者に思いを寄せ愛を送る「慈悲」と呼ばれる瞑想があります。私はこれを時々、外出したときに使います。人とすれ違いながら、意識を心に向け、静かにこう繰り返して言います。

「あなたが健康でありますように、幸せでありますように、苦しみから解き放たれますように」

　どんな言葉を使うかよりも、他の人の幸せを願う思いが重要です。他の人の幸せを願うことに抵抗を感じるのであれば、まずは自分自身について行ってみてください。「あなたが」を「私が」に置き換えるだけです。

　数年前の私は、こんなものはただのおまじないのようなものだと思っていました。しかし私が心を開けば開くほど、気分がよくなっていったのです。私たちはみな仲間であり、全員ができるかぎりのことをしているのです。

4日目：心をオープンにする

心に沿った行動ステップ

今日は心をオープンにする練習をします。心を覆う層がはがれるにつれ、次第に喜びや平安を感じられるようになり、心が真に求めるものにつながりやすくなります。今日の3つの行動ステップです。

Step 1 **心に意識を集中させる**

心をオープンにするには、第1章で行ったように、まず心とつながります。心に意識を向け、心に起こることを感じます。心をオープンにしようとすると初めのうちは、長い間ずっとあったのに顧みられなかった悲しみや苦痛が出てくることがあります。それらを取り除こうとしなくて構いません。ただそれを感じてください。

Step 2 **自分の幸せを願う**

最初にするのは、自分の幸せを願うことです。ただ「私が健康でありますように。私が幸せでありますように。私が苦しみから解き放たれますように」と言うだけです。これを十分だと感じるまで何度も繰り返し言ってください。また、なにか特別なことを感じる必要はないことを覚えておいて

ください。この練習に取り組み始めても、おそらくすぐには心が開いたようには感じないでしょう。とにかく実行し続け、どうなるかを見てください。

Step 3　他の人の幸せを願う

今日は外出したら出会う人たちを観察し、彼らもまたそれぞれの問題や課題を抱えていることを思い出してください。心の中で彼らの幸せを願います。彼らが幸せで、健康で、苦しみがないことを願います。妬みや判断などの思考が浮かんだら、それらをあるがままにし、心をオープンにし続けてください。このテーマについてもっと詳しく知りたい方は、シャロン・サルツバーグ著『Lovingkindness: The Revolutionary Art of Happiness』をお読みになることをお勧めします。

5日目
怖れと友だちになる

「怖れを消そうとするのではなく、そこにあることを受け入れましょう」

　心に沿った生き方をしようとすると、怖れで突然動けなくなります。怖れを取り除く必要はないものの、そこから逃げることもできません。かといって怖れに従って生き方を決めると、満たされない人生になってしまいます。

　心を信じる生き方をしていくと、頭と心の間で争いがたびたび起こることに気づきます。心が1つの方向を示す合図を送り、それに従うと初めはうまくいくかもしれませんが、やがて内なるサーモスタットが作動します。

　サーモスタットは温度を制御し、一定の範囲に保つよう作られています。思考はサーモスタットと同じことをしようとします。あなたを心地よいところに留めておきたいと考えます。あなたを安全な場所に置いておきたいのです。

　心に従うということは、新しいことをするということです。つまりこれまで取ってきた方法を変えるということであり、だからこそ私は1歩を小さくするようお勧めします。

大きな変化は、サーモスタットを作動させてしまうからです。

　私は大好きなことを仕事として始めたとき、自分がなにをしているのかわかっていなかったので不安でびくびくしていました。しかし、心は一度に1歩ずつ進むよう合図を送り続けていました。

　そうして進み続けながら、怖れと友だちになるための鍵は怖れを消そうとすることではなく、そこにあることを許し、1歩進んだら次の1歩と足を前に出し続けることだということを私は発見しました。それは決して楽なものではありませんでしたが、1歩ごとに怖れは消えていきました。しかしまた、怖れが1つ消えても別の怖れが取って代わることも知りました。

　人生はそうなっているのです。私たちは成長するために生まれてきており、成長するためには課題が必要なのです。**つまり怖れは常に人生について回るものなのです。ですから怖れがない状態が目的地ではありません。目的地は怖れと新しい形で関わることを知っている状態です。**

　例えば息子のヴィンセントが生まれたとき、私は不安になりました。良い父親になれるか心配だったのです。しかしできるかぎりのことをすることだけはできる、ということがわかっていたので、怖れを深刻には捉えませんでした。怖れがあることを許し、怖れに対し心をオープンにしました。**怖れと新しい形で関わるというのは、このように怖れを容認するという意味です。**自分の思考をすべて信じる必要はありません。怖れと共に留まり、十分に怖れを感じる

5日目：怖れと友だちになる

ことができれば、新しい世界が開かれます。

　ほとんどの人は怖れと心配でがんじがらめになっています。自分が指揮者であることをすぐに忘れてしまいます。深呼吸をすれば怖れに翻弄されることなく、怖れがあってもよいと許すことができます。確かに簡単ではありませんし、一晩でできることでもありませんが、確実に効果があります。

　怖れから逃げなくてもよいのです。戦士のように怖れと向き合ってください。怖れの一つひとつが鍛錬の機会です。心や直感とのつながりを強めるチャンスなのです。

　怖れに挑戦すればするほど、怖れの影響力が少なくなります。怖れと向き合えというアドバイスをおそらく今までも聞いたことがあるでしょう。だからといって効果が弱まるということはもちろんありません。内面の苦しみに飛び込むしかないときがあります。そうすることでしか一番下にあるものを見つけられないからです。

　怖れは喜びからあなたを遠ざける場合もあれば、喜びへの入口となる場合もあります。特殊効果がたくさん仕掛けられたドアなのですが、くぐってしまえばすべてが見せかけだったことがわかります。映画を見ているとそれが現実であるかのように感じるように、怖れはあなたを怯えさせ心の合図を無視するように仕向けるのです。

心に沿った行動ステップ

今日は怖れと友だちになることを遊びにしてしまいましょう。怖れや思考を深刻に捉えすぎて自分を見失ってしまうことが私たちにはよくあります。他にどうしようもないように感じるかもしれませんが、それほどまでにその方法に慣れてしまっているため、そう感じるのです。行動ステップは次のとおりです。

Step 1 探偵になる

間違いなく、最初にすべきことはあなたの人生の指揮を執っている小さな怖れに気づくことです。別の店にあるなにかを怖れて、いつも決まった店に行っていませんか。そうした怖れに意識を向け、その怖れが本当に妥当なものか疑ってみてください。

Step 2 怖れを迎え入れる

怖れに気づいたら、それを心に吸い込みましょう。私はこれを古い友人を招き入れるためにドアを開けると想像します。怖れを押し返そうとしてもうまくいかないので、止まって、深呼吸をします。

5日目：怖れと友だちになる

Step 3　遊びにする

これを楽しんですればするほど、簡単になります。小さな怖れに挑むことから始めると、その考え方が自然と人生の他の部分に波及していきます。ただし自然なペースで起こるに任せます。楽しむと同時に、怖れがあなたを成長に向かわせるためにあるということを思い出してください。戦士のように怖れと向き合ってください。

6日目
本来の自分になる

「他人に認められる人間になろうとすることは
エネルギーの浪費です」

『魅きよせるブランドをつくる7つの条件 ――一瞬で魅了する方法――』（※パイインターナショナル刊）の著者サリー・ホッグスヘッドは「最高に成功した自分になるために本来の自分を変える必要はない。実際はその反対だ。もっと本来の自分にならなくてはいけない」と言っています。

本来の自分になるとは、今の自分以外のものになろうとすることではありません。何重にも重なった「こうあるべき」という層をはがしていくことです。社会に合おうと合うまいとありのままの自分でいることを心地よいと感じることです。結局人は自分にしかなれないのですから。自分でない他の誰かになろうとするのはエネルギーの浪費です。

私たちは、他の人が作り出したイメージに自分を合わせようとして膨大なエネルギーを費やします。仲間の承認を得たいと思うのは自然なことですが、それをどこまでした

6日目：本来の自分になる

いですか？　中には他の人が正しいと思うものだけに従って一生を生きる人もいます。そうした人たちは自分の心の声を無視しているため、なぜこんなにも虚しく、満たされないのかと悩みます。彼らは服従の海の中で自分を見失い、静かな絶望の人生を生きています。

本来の自分になるとは、自分の願望を受け入れることです。心が示してくれる道しるべを信頼することです。ギターを弾けるようになりたいのなら、**他の人がどう思うかを考えずに始めて**ください。

自分の心を信頼できないと感じているときは、他の人のアドバイスを求めようとします。自分の力を渡してしまい、他の誰かが自分を幸せにしてくれる人生を生きさせてくれると信じているのです。これまでの人生では、なにをすべきかを他人に指示されてきましたが、それではうまくいきません。自分で責任を負わなければなりません。「べき」の層をはがし取り、自分の本当の願望に耳を傾けなければなりません。

本当はあなたは今のままで十分なのです。仮面をつける必要はありません。他の誰かになる必要はありません。問題の多くは、実際よりも自分のことを過小評価しているために起こります。しかし今ある自分にしかなれませんし、それを受け入れるのが早ければ早いほど、より幸せになります。

すぐに試してみてください。深呼吸をして、数分間、自分を完全に、風変わりなところもすべて含めて、受け入れる感覚を味わってください。完璧でなくてよいのです。完

璧なんて他の誰かが作ったレッテルでしかないのですから。このレッテルに書かれているのは、完璧とはこうあるべきという特徴であり、そしておそらくそのとおりに生きることは決してできません。たとえできたとしても、心に誠実でないため幸せにはなれません。

　結局、自分を幸せにし、満たすのは、心の声を聞くことです。極めて単純であり、そして難しくもあります。これは、あなたが人生について抱いている「べき」に気づき、手放すことから始まります。

6日目：本来の自分になる

心に沿った行動ステップ

本来の自分になるとは、自分になにかを加えることではなく、自分ではないものを取り除くことです。今日の行動ステップは次の3つです。

Step 1　葛藤を見つける

心のままに表現するのを止めている、あなたの「べき」はどこにありますか？　他の人がどう思うかが気になって、してみたいのにできていないことはなんですか？　人に合わせるために嘘をつかなければいけないと思っているものはなんですか？　こうした葛藤があるところに意識を向けてください。いかに自分を止めているかに気づくだけでよいのです。

Step 2　止めようとする力を明らかにする

次に、そうした「べき」があなたにさせないようにしているものがなにかを見ます。密かにしてみたいと思っているものはなんでしょうか。心はなにを望んでいますか。葛藤に意識を向け、そして手放しましょう。手放すとは、不安や痛みがあっても最初の1歩をとにかく踏み出そうとすること

です。

Step 3 **なるがままに任せる**

少なくとも私の場合、このプロセスは時間をかけてゆっくりと起こりました。急ぐ必要は全くありません。自分にあるものを使って、自分にできることをしてみてください。大きくではなく、小さく考えましょう。そしてすべては意識することで始まるということを忘れないでください。

7日目：待つのをやめる

7日目
待つのをやめる

「すでに準備は万端です。なにが
あなたの歩みを止めさせていますか？」

　私の息子は、線からはみ出さないように色を塗るのが嫌いです。紙の上に描くことすら好きではありません。彼はテーブルや床、壁、飼っている犬にまで絵を描こうとします。彼はまだなにが良くてなにが悪いのかがわかりません。教えることはできますが、おそらく彼には理解できないでしょう。少なくともまだ今は。
　子どもは臆せず内なる衝動に従って実験し、学び、遊びます。人は、人生のある時点で正しいことと悪いことを学びます。それがあるべき方法だからという理由で、線からはみ出さないように色を塗ることを学びます。
　夢に見た生き方をするためには、他の人の許可を待つことをやめなければなりません。線からはみ出して描き、するとどうなるかを見なければなりません。
　友人、家族、社会は概して、心に従って生きるとはどういうことなのか理解しようとしません。彼らには意味がわ

からないのです。

　彼らの考えを変えようとしても無駄です。一層かたくなに否定するようになるだけですから。そうではなく彼らのことは彼らに任せ、自分の喜び、直感、ワクワクに従ってください。

　数年前、私は合気道を習ったことがありました。道場に入った当初は気後れがして、師匠から許可が出るのを常に待っていました。技術を１つ学ぶたびに、自分が正しくできているかどうか不安でした。数カ月が過ぎても、私は相変わらずでした。ためらい、謝り、正しくできているか心配し続けていました。しかしある日、変化が起こりました。うまくなる唯一の道は教えと技術を自分のものにするかどうかだと気づいたのです。

　許可を求めるのをやめ、自分の動きを認めなければならないことに気づきました。黒帯になるまではと待つのをやめ、今自分にあるものを使うことが必要でした。

　この変化が起きてから、目に見えて私は上達しました。うなずくだけでも高い賛辞だとされるフィンランドでは非情に珍しいことに、師匠からお褒めの言葉を頂いたのです。

　この気づきは合気道だけでなく、人生の他の分野にも影響を及ぼしました。**待つのをやめ、謝ったり許可を得ようとすることなく、欲しいものに向かって行くようになりました**。私にとってなにが適切かを教えられる人はいないということを悟ったのです。

　これは私が自制できなくなったということではありません。ただ、答えを自分の外に探すのをやめようと思ったの

7日目：待つのをやめる

です。
　私は多くの人にお会いしますが、彼らは自分の心がなにを望んでいるかわかっているのに、そこに向かって進もうとしていません。なにかを待っているのです。それはお金かもしれないし承認かもしれません。才能や機会かもしれません。しかし本当は今あるもので始めるだけでよいのです。
　私はオンライン・ビジネスをゼロから始めました。長い間、始められないことについて言い訳をし続けて、もうたくさんだと思ったのです。そして直感の声を聞くようになり、心が喜ぶことをするようになりました。
　正直に言って、性分に合わないことをするのは苦しいです。が、もし幸せと満足を得たいなら、自分の外に答えを求めることはやめるべきです。自分の真実、喜びを追うことによってしか永遠の幸せは見つかりません。

心に沿った行動ステップ

おそらく私が心の声を聞くようにと、そしてあなたを止めるものを手放すようにと、合図を送り続けていることにお気づきになっているかもしれません。その理由は単純です。心の声を聞くところを想像すればするほど、人生における喜びが拡大するからです。今日の行動ステップは次の３つです。

Step 1　見極める

自分がなにを待っているのかを見極めます。自分の望む生き方がわかっているのにそれをしていないのなら、なにがあなたを止めているのでしょうか？　望んでいるものがわからないとしたら、なにがあなたの心の声を聞き、次の１歩を踏み出すのを止めているのでしょうか？　次の１歩を踏み出そうとしない理由に注目してください。

Step 2　見破る

言い訳はエベレストのように不動のように見えるでしょう。しかしそうではありません。エベレスト登頂はひとっ飛びでできるものではありません。一度に１歩ずつ登っていくものです。一度に

7日目：待つのをやめる

1歩ずつ登ることで、人生に元からあった喜びと意図を見出すのです。私と同じようにひらめきが訪れる瞬間があるかもしれませんし、ないかもしれません。どんな形であってもあなたに起こることがあなたにとっての正解なのです。

Step 3 **今いるところから始める**
私たちが待ってしまう理由の多くは、始めるために必要なものが揃っていないという思い込みです。本当は必要なものはすでに揃っています。今あるもので今いるところから始め、後はそこから自然と展開するに任せればよいのです。どうしたら始められるかに注目し、そして始めましょう。

8日目
正しい道を進む

「心のGPSだけが、満たされた人生に至る道を知っています」

　ほとんどの人は正しい道を進んでいるかどうかを心配します。人生がうまくいくかどうかを心配しています。人生ができるだけ良くあってほしいと願い、そのための正しい決断をしているかを常に気にします。

　しかし、もし、ただ自分の心に従い、いるべき場所にいると信頼するだけで十分だとしたらどうでしょうか。私たちは人生がいかにうまくいっているかで自分の進み具合を判断しますが、人生は良くなる前は悪く見える場合があるということを忘れがちです。

　未来になにが待っているかはわかりません。夢の仕事につくために、まずは現在の職を失わなければならないかもしれませんが、それを前もって知ることはできません。私たちは1つの出来事が人生においてどんな意味をもつかを理解していると自分では思っていますが、実際はわかっていないのです。

8日目：正しい道を進む

　ですから人生がうまくいく軌道からそれない最善の方法は、すべてを計画通りに進めることにこだわらず、**心の中のGPSに耳を傾ける**ことなのです。これはまた、心に従うことができないときがあっても自分を責めないことでもあります。たとえ判断を間違っても、人生はあるべき形で展開しているのだと信じることなのです。

　心は、望むものを手に入れるためにしなくてはならないことを時系列に並べたリストをくれるわけではありません。その代わり、必要なものへと導いてくれます。

　心は柔軟です。周囲の世界が変わるとき、心にはどこへ行く必要があるのかがわかります。しかし柔軟性のない計画を立てている人は、状況に変化があると（物事とはいつもそういうものですが）、混乱してしまいます。

　ある日私がジムに向かって歩いていると、濃い霧が立ち込めました。数十センチ先はもう見えません。歩きながら、先を見るには歩き続けるしかないということに気づきました。霧の中を歩いているときはそんなことは当たり前だと思うのですが、人生についてとなると、私たちはこのことをどういうわけか忘れてしまいます。

　心に従うと、どこに向かっているのかがわからなくなることがよくあります。頭では目的地がわかっていても、周囲は霧に囲まれています。計画通りに進もうとすると、混乱し、挫折し、道に迷ったように感じます。そして進めなくなり、じっと立ち尽くし、最善の道を割り出そうとします。最善の道は一度に1歩ずつ進むことなのに。

　未来を計画通りに進めようとする力を緩めれば緩めるほ

ど、幸せになるということに、私は身をもって気づきました。未来に起こることをコントロールすることはできませんが、感覚を通して人生がうまくいく方向へと導いてくれる内なるGPS、つまり心とつながればよいのです。

　心に従うと、物事には論理的な意味をなさないことが時としてあるということが最大の障害として現れます。迷子になったような気持ちがし、頭の中でコントロールを失った最悪のシナリオが渦巻きます。しかしそれは正常な反応です。脳があなたを安全に守ろうとしているのです。

　とはいえ、状況が厳しいときにあなたがどれだけ変わらずにいられるかによって、あなたが成功するかどうかが決まります。

　たった1つの「正しい」道などないのです。満たされた人生に至る道はたくさんあるのですから。私が見つけた最善の道の1つが心の声を聞くことです。容易な道ではありませんが、この道を辿れば、徐々に人生に幸せなことが起こるようになります。

心に沿った行動ステップ

選んだ道が正解かどうかを知ることよりも、直感に従うほうが重要です。心が喜ぶこと、そして人生に喜びをもたらすことに向かって進んでください。今日はこれをどのようにして遊びとして実行するかについてです。

Step 1　心に沿った行動をとる

人生でなにをするか、どのようにして目標を探すかに頭を悩ませるのではなく、心に意識を向け、心に沿った行動を遊びとしてやってください。どこへ心が行きたがっているのかに意識を向け、そしてそこへ行きます。ひょっとするとただ座って日記をつけることかもしれません。なんでもよいのです。していることが合っているか間違っているかと心配しないでください。それを行ってどうなるのかを心配しないでください。霧の中を心を信頼して歩く実験をしましょう。

Step 2　謎を受け入れる

決して未来を計画通りに進めることはできないと悟ってください。未来がわかる人はいません。少

なくとも私はそんな人を1人も知りません。それなのに、なぜわざわざ挫折を味わう必要があるでしょう。エネルギーを浪費するだけです。その代わりにリラックスして、今日だけはなにかを計画通りに進めようとするのをやめてください。人生のなるがままにし、今この瞬間に意識を置いてください。

Step 3　混乱は問題ではない

エックハルト・トールは「混乱は知らないということではない。知っているべきなのに知らないと思っている状態だ」と言いました。これは実は、人生についてすべてを知る必要はない、ということです。心が知っており、一度に1歩ずつ導いてくれます。同じことを何度も言っていますが、しっかりと刻みつけてもらいたいからです。

9日目
シンプルにする

「不要なものを捨てると、そこに必要なものを入れることができます」

　生活をシンプルにすればするほど、私は気分がよくなります。人は自分の重荷となるものにしがみつこうとします。

　生活をシンプルにするとは持ち物を40個だけにして生活するということではなく、必要不可欠なものだけで暮らすということです。必要不可欠なものがなんであるかは人それぞれです。家族や家を持っていれば、20代の独身男性よりは必要なものも多いでしょう。

　それでも生活をシンプルにすることで得られる本質的な恩恵は変わりません。**必要でないものを手放すと、身軽になります。すると別のものが入ってくる余地が生まれます。**

　これまでに必要でないものをたくさん溜め込んでしまっている人は、もっと深いところに問題の根があるかもしれません。買わなければと思う裏には、あなたが思ってもみなかった不安があります。その不安を受け止めようとする

ことで、今している不必要な買い物の量が減り、ものを人にあげるようになります。

　服を1着、本を1冊人にあげる、あるいは1週間糖分を取らない、でもいいでしょう。小さく、実行できる行動を考えます。もし小さなステップがうまくいかなければ、もっと小さなステップにして試してください。例えば1週間砂糖を取らないということが難しければ、砂糖を取らない期間を1時間にしてみてください。そしてそれを2時間、3時間と徐々に延ばしていきます。

　生活をシンプルにすると、自分の内側にゆったりとした感覚が広がることに気づくでしょう。心が軽くなるのを感じるようになります。ただ与えるという行為によって気分がよくなるというだけでなく、心がリラックスします。ものに執着するということはエネルギーを消耗させるようなものです。

　しかし行き過ぎる危険もあります。私は生まれながらの倹約家なので、可能であるならものを買うのをできるだけ先延ばしにしようとするのですが、行き過ぎると仕事に関する新しい設備で必要なものすら買うのを先延ばしにしてしまいます。

　生活をシンプルにするのは必ずしも面倒なことではなく、大変なことでもありません。本1冊や服1着といった小さなものを人にあげることから始めればよいのです。実行してみて、与えることがどんなに気分がよいかを味わってください。

ものを多く持てば持つほど幸せになる、という考えの罠

9日目：シンプルにする

に私たちは簡単に陥ってしまいます。しかし、さんざん長い間そうしてきて、本当はそうではないということが身に染みてわかっているのではないでしょうか。その結果、今必要でないものに囲まれているのですから。

　ものを所有しても幸せにはなりません。なぜなら幸せは内側から来るものであり、幸せは、お察しのとおり、心に従うことで得られるのです。渇望感は、ものや食べ物、アルコール、セックスでは埋まりません。心がくれるビタミンとミネラルを飲むことでしか埋まらないのです。

　つまり生活をシンプルにすることは、必要ではなくなったものを取り去ることです。人はそれぞれ違います。ですから、あなたの必要なものは私のものとは違うでしょう。そのため型にはまったアドバイスはほとんど役に立ちません。心の声を聞き、あなたにとっての最善はなんなのかを明らかにしてください。それを一度行えば、幸せになり、心が軽くなるのを感じられるでしょう。

心に沿った行動ステップ

大きく始めなくてよいということを忘れないでください。小さなアパートに引っ越す必要はありません。洋服をすべて人にあげなくても大丈夫です。小さく始めましょう。今日の行動ステップです。

Step 1　小さく始める

数カ月、あるいは数年間、ほこりをかぶったままのものを見つけたら、それを人にあげるか売るかしましょう。本かもしれないし古い服かもしれないし、古いコンピューターかもしれません。なにをするにせよ、簡単に手放せるものから始めます。

Step 2　続ける

なにか小さなものを人にあげたら、他のものをあげます。すぐでなくてもかまいませんが、生活をシンプルにすることを習慣にしましょう。ものを手放すことで得られる気分のよさを味わい、本当に必要としている人にものを譲りましょう。

9日目：シンプルにする

Step 3 待つ

なにかを買いたいという衝動を覚えたら、すぐに買わずに待ちましょう。新しい電話、コンピューター、なんであれ買いたいと思ったら30日間待ってから買います。自分の買い物のパターンに注意します。ものを買うのはどんなときですか。不安なとき、あるいは仕事でストレスを感じたときではありませんか。たった一度でよいので、買わないようにすることはできますか。これを試して、身軽さを保ちましょう。

10日目
適切な決断をする

「頭は問題解決を急かしますが、
"感じる"までゆっくり構えましょう」

　私たちは正しい決断をしたいと考えます。そこで自分のもっている情報に基づいて決断しようとするわけですが、現実におこる不確定要素をすべて把握できるわけではないため、その情報が不完全なことがよくあるという問題が生じます。しかも未来がなにをもたらすのかはわからないのに、それでも人はできることをし、最善の結果を得ようとします。

　頭だけに頼って決断することはできません。**頭は論理的に筋の通る決断を心地よいと感じますが、論理的であることが必ずしも幸せではありません。**

　だからといって盲目的に衝動に従うことで人生を棒に振れと言っているわけでもありません。**心に従うことは衝動よりも深いもの**です。

　第1章で述べた、私が家を買うためにどのように心を使ったかを覚えていますか？　心から明確な合図を得るた

10日目：適切な決断をする

めには、心を落ち着かせなければならないとわかっていたため、私は決断を急がず、待って、時間をかけて決めました。

決断するとき、私は待ちます。かつては決断を急ぎ、それが良い結果にならないということを嫌というほど経験しました。だからといって人生においていかなる決断も数日待たなければいけないということではありません。常識的な判断も活用すべきです。決断の中には時間を要するものも、そうでないものもあります。

私は可能なかぎり、後ろ向きな精神状態にあるときには決断を避けるようにしています。気持ちが安定しないときは、行動を急がなければならないという感覚が生まれるため注意が必要です。決断することで後ろ向きな感覚がある程度は取り去られると考えられていますが、そんなことはありません。

気持ちが安定していないときにせいぜいできることは嵐をやり過ごし、気持ちが晴れたときに決断が訪れるのを待つだけです。その間は、なにをすればよいのでしょうか。したいことをなんでもしてください。映画を見たり、散歩をしたり、本を読んだり、大好きな人たちと時間をすごしたり。

この方法を実践できない場合があるかもしれません。すぐに決断しなければならないときもあります。そうした場合は、決断する前にできるだけ心を落ち着けてください。心とつながる機会をつくってください。

例えば、私が家を買う決断をしたとき、最初に良い家だという印象を持ちました。しかしそれでも確信が持てな

かったので待ち、数日の後に明確にその家だとわかったのです。

　私たちの**脳は我慢が苦手**です。テレビのシリーズ番組が、次を見たくなるようなハラハラする場面で終わるのはなぜだと思いますか？　私たちは未回答や未解決のものがあるとどうしても放っておけなくなるからです。同じことが人生の問題についても言えます。**問題をすぐに解決したくなるのですが、時間をかけて心の声が聞こえるようになると、最高の決断が得られます。**

　たとえ急を要するように思えても、決断を急ぐことはないということを忘れないでください。後ろ向きな精神状態のときは、いかなる決断もしないように。いつでもそれができるというわけではないかも知れませんが、なるべくそう心掛けてください。

10日目：適切な決断をする

心に沿った行動ステップ

なんでも深刻に捉えることをやめると、決断することがとても楽しくなります。意志決定のプロセスに心を参加させ、行動する前に数日待つようにすると、決断のストレスを取り除くことができます。そのためのヒントは以下の3つです。

Step 1 **時間をかける**
買い物と全く同じで、時間をかけるほど決断が明確になります。急いで決めようとすると、人は間違いを犯しがちです。大抵の問題は緊急としてやってきますが、緊急であることを忘れましょう。それらは急を要するように見えるだけで、実際は緊急ではないのです。気持ちが安定し、心ときちんとつながるまで待ちましょう。

Step 2 **心を静める**
瞑想、ランニング、散歩、音楽を演奏する、絵を描く、編み物をする、その他心が安らぎ、落ち着いて考えられる精神状態になるものなら、なんでもしてください。その状態になれば、心と明確な意思疎通ができるチャンネルが整います。シャ

ワーを浴びているときや、皿洗い、あるいは運動
をしているときに直感が降りてくることがよくあ
るのはこのためです。

Step 3 **意識を向ける**

嵐が過ぎ去ったら、どの決断が魅力的に感じるか
に意識を向けます。その決断にあなたを引きつけ
るものはなんでしょう？　怖れがあるかもしれま
せんし、ないかもしれません。いずれにせよ心は
特定の決断へ引き寄せられます。今すぐに人生の
すべての問題を解決しなくてもよいのです。決
断を急ぐことはありません。なるがままに任せ、
ちょうど良いタイミングで心が素晴らしい答えを
導き出してくるのに任せます。

11日目
内なるアーティストを解き放つ

「自分を制限しないで、創造的な衝動に
従ってみてください」

　私たちの中には必ずアーティストがいます。才能がないとか芸術的センスがないといわれたことがあるかもしれませんが、そんなものには耳を貸す必要はありません。次のレオナルド・ダ・ヴィンチになろうというのではないのです。ここでいうアーティストとは、心にあるものを表現する人という意味です。

　人は心の奥に、自分を表現したいという欲求を持っています。あなたも若いときはその芸術的な一面を楽しんでいたはずです。しかしある時点であなたはそれを自分の中から追い出してしまいました。自分を信じることをやめてしまったのです。

　内なるアーティストを解き放つというのは心の声を聞くということであり、始めるということです。それは本来の自分になり、できるかぎりのことをするためのもう1つの方法です。なぜなら自分のすべて、心が合図することす

べてを受け入れないと、満たされていると感じられないからです。

　長い間、私は絵が描けないと思っていました。6歳か7歳のときのことを今でも忘れません。自分の部屋で机に向かい、絵を描こうとしていましたが、画家の絵と比べてうまく描けません。とうとう挫折し、紙とペンを床に投げ捨て、こう考えたのです。

「僕は絵は絶対にうまくなれない。だからあきらめたほうがいいんだ。絵なんか大嫌いだ」

　この宣言を覆す挑戦をしようと決めるまで20年かかりました。2012年6月、私は漫画講座を受講し、その日から毎日絵を描いています。初めはかろうじて棒線画を描ける程度でした。今は風景やユーモア漫画を描くことができます。それも取りあえずやってみようと思ったからです。自分はアーティストではないと思ったとしても、必ずしもそれが真実とは限らない、ということを悟りました。

　ここに至るまでにたくさんの内なる悪魔と対峙しました。絵が上手になっているとは到底思えなかったり、自分と他の人を比べたりして、もうやめたいと思ったこともありました。それでも1歩ずつ足を前に出し続けました。

　内なるアーティストを解き放つのは、長年、密かに取り組みたいと思っていることに気づくところから始まります。それは絵画かもしれませんし、彫刻、ギターの演奏、執筆かもしれません。必ずなにか表現していない願望があります。

　犯してしまいがちな**最大の過ちは、他の人が見て素晴ら**

郵便はがき

１０６-８７９０
018

料金受取人払郵便

芝局承認

3239

差出有効期限
平成27年4月
29日まで

切手を貼らずに
お出し下さい

東京都港区西麻布3-24-17
広瀬ビル2F

**株式会社
ヴォイス 出版事業部**

106879001 8　　　　　　　　　　10

情報誌「Inner voice」を無料進呈!

「Inner voice」購読用の会員登録を　□希望する　□希望しない　□登録済み

★「Inner voice」は、ヴォイスグループからお客様への、商品・サービス・教育セミナー等の情報提供を目的としています。
※会員登録を希望されない方は、住所欄を空白にしてください。

お名前	フリガナ		男・女	ヴォイス会員番号 ※お持ちの場合
ご住所	〒□□□−□□□□			
電話番号		FAX		
携帯等		Eメール		
(西暦) 生年月日		年　　月　　日	年齢	
お買上書籍名	ワクワクの使い方　その他 [			]
購入した書店名	(○○市△△書店またはインターネットサイト名)			

※ご記入いただいた氏名、メールアドレス等すべての個人情報はこの他の目的には一切利用しません。

愛読者カード

◆このハガキをご投函いただくと、VOICE隔月(奇数月15日)発行の「Inner voice」を1年間無料でお届け。新刊のご案内、体験型ワークショップや通販グッズなどの情報が満載です。
◆出版テーマのご希望など、皆様の声を「編集部」に届けられます。
◆下段フォームより、当社の本もご注文いただけます。

①本書をどこで知りましたか？　②本書について

- □書店店頭
- □Inner voice
- □雑誌の記事など
- □友人から聞いて
- □インターネット

内　容……□良い　□普通　□いまひとつ
デザイン……□良い　□普通　□いまひとつ
本の大きさ……□大きい　□普通　□小さい
価　格……□妥当　□高い　□安い

③今後扱って欲しい書籍のテーマやジャンルはありますか？

④最近読んだ書籍(他社含む)で印象に残った本は？

⑤本書をお読みになってのご感想は？
※弊社WEBサイト等でご紹介する場合があります。ペンネームのご記入がない場合は、都道府県と年代、性別を表示します。
ペンネーム[　　　　　　　　　]

このカードで本のご注文ができます。　※ご注文には表面のご記入が必要です。※別途送料が必要です。

書名		冊
書名		冊
書名		冊

お支払方法:代引
送料:一律630円(税込)　※一部、島部・郡部は1890円(税込)
※通常、お届けまで一週間前後かかります。

11日目：内なるアーティストを解き放つ

しいと思う水準で表現しなければいけないと考えることです。いきなり今日ギターを手に取って、上手に弾けるはずはありません。あなたの弾く弦が素晴らしい音を奏でるには、まずはギターの持ち方、指の置き方、弦の弾き方を習わなくてはなりません。ですから人前で演奏することを考えて思い悩まず、まずは思うままに弾きましょう。

選択したものが正解かどうかを心配する必要はありません。なにから始めても、たとえ今はギターを選んだとしても、そして3カ月目にはやめてしまったとしても、それでよいのです。これは探求です。結果を出そうとしているわけではありません。

自分の心に従うと、創造的な衝動が生まれることに気づきます。芸術の分野でなくともよいのです。ですから自分を制限しないでください。自由に探求し、実験し、そしてなによりも、楽しんでください。

心に沿った行動ステップ

心が伝えてくるものがなんであろうと、それに耳を傾けてください。心がどんな風に自分を芸術的に表現したいと思っているかに意識を向けてください。内なるアーティストを解き放つために、心をオープンにし、自分を人生に向けてオープンにする必要があります。それをどのようにして始めるかについての３つのヒントです。

Step 1　結果を忘れる

なにかをするために才能に恵まれていなければならないわけではありません。私も絵を描くことを少しずつ学んでいます。私たちの社会には、才能に結びついているものもあります。しかし才能のある人たちの影が、粘り強く真剣に取り組む人たちの前で薄くなることはよくあります。したいことがなんであろうと、それを始めてください。その結果がどうなるかは忘れましょう。

Step 2　内なるアーティストを見つける

ずっと心にあった願望を特定します。思考は抵抗するかもしれませんが、心は賛成してくれます。

次の行動をとることに集中し、なんらかの結果を出さなければならないというプレッシャーを自分にかけないでください。身近なところに教室や講座がなければ、オンラインの個別指導プログラムを探し、始めてみましょう。

Step 3 **日々の練習の魔法**

物事を上達させる秘訣は毎日練習することです。もし本を書きたいのなら、たとえ15分間でも毎日書くことを始めましょう。ギターを弾けるようになりたいのなら、毎日弾くことを始めます。上手になるには時間がかかります。無力感を覚えたら、今この瞬間に意識を集中し、行っていることを楽しむ方法を探します。

12日目
人生の流れに身を任せる

「人生は変化の連続。心に沿った
緩やかな計画こそが一番役立ちます」

　人生の流れに身を任せるというのは、人生をあるがままに、不確実性と変化に満ちたものとしてそのまま捉える、ということです。**私たちは物事のあり方にこだわりがちです。人生の本質に抵抗し、変化が起こると苦痛を感じます。**
　人生は常に満ちたり引いたりするものだとわかればリラックスし、流れに身を任せて進んでいくがままでよいと実感します。
　人生に抵抗すると、人生は痛みとストレスでいっぱいになるでしょう。欲しいものを得るために人生を常に操作しようとします。それに成功したとしても、完璧な人生はやがて変化し、やはり苦しむことになります。ですから、人生についてどんな見方をしたとしても、物事のあり方にこだわり過ぎると苦しむことになります。ボートを川の流れに任せ、流れと共に進むほうがずっと楽です。
　例えば、今の私の仕事は自分のプログラムや本の制作が

12日目：人生の流れに身を任せる

中心ですが、かつてはフリーランスのクライアントの仕事をしていたときもありました。しかし、私がフリーランスとの仕事をしようとすると必ずそこに抵抗を感じ、クライアントを得るのに苦労することに気づきました。やがて、自分が流れに逆らって泳ごうとしているのだと気づきました。その仕事を本当には楽しんではいなかったのです。面白くはあったのですが、心が燃えるものではありませんでした。フリーランスのクライアントからの仕事を取ろうとするのをやめると、自分が本当にしていて楽しいことに集中できるようになりました。

人生の流れに任せる方法は、自分の中にＧＰＳがあると気づくことです。心は車についているＧＰＳのようなものです。次にどこへ行くかを教えてくれるものですが、その声は聞こうとしなければ聞こえません。

計画を立てることは可能ですが、変更が必ずあると思っておく必要があります。心はあなたの計画など気にかけていませんから、常に柔軟でいてください。**心が重視するのは、なにがあなたにとって適切か、そして、あなたがなにをする運命なのか、だけです。**

私の人生ではこれが顕著でした。計画を立てても、自分がどこに向かっているのか把握していると思うたびに、それが間違っていることが証明されるのです。今は、どこへ向かっているのか方向性はわかっていますが、心の声を聞き、厳密な計画を立てることはしません。

お金持ちになる、有名になる、成功するといった目標を私は持っていません。ただ心にあるものを表現したいだけ

です。なぜなら、それが結局、人生における幸せと喜びを拡大するものだからです。

　人生の流れに乗れば人生から問題がなくなるというわけではありません。人生は問題でいっぱいです。人生はそのようになっているのです。人生にひとつも障害がなかったら、面白くないと思いませんか？

　人生の流れに乗って変わるのは、人生への関わり方です。あなたはもう人生が変わらずにいることを期待しなくなるでしょう。起きることを完璧にコントロールできるとはもはや考えなくなるでしょう。

　人生とは変化です。唯一確実なことは、人生は不確実だということです。それを受け入れるのが早ければ早いほど、より幸せになります。流れに乗るには、心がどこへ連れて行こうとしているかに注目してください。自分がなににときめくのかに注目し、人生の流れがあなたをどこへ導こうとしているのかをよく見てください。

心に沿った行動ステップ

人生の流れに身を任せるには、緩やかな計画を立て、新しいアイデアと新しい方向へ引っ張ってくれる心に対しオープンになることです。今日は、人生にもっと流れを引き入れる実験の方法です。

Step 1　抵抗を特定する

人生のどんな状況で変化に抵抗を感じますか？どんな場面で流れに逆らって泳ごうとしますか？そうすることに筋の通った理由があったとしても、しばらくそれを手放すと想像してください。流れにボートを任せたらどんな感じがするでしょうか？

Step 2　人生を変化させる実験をする

小さく始めてください。仕事場へ行くときに使ったことのない道を通ってみる、新しい本を読む、少しだけ怖いと思うことをする。心の声を聞き、勇気ある1歩を踏み出してください。実行してみると、変化がそう悪くないものだとわかります。変化は人生につきもので、それに抵抗しても苦しみを生み出すだけです。結局、苦しみの原因とな

るのは変化ではなく、それに対する抵抗なのです。

Step 3 **柔軟になる**

今日だけは、柔軟に考えてください。どんな計画を立てていたとしてもそれは変わるものだと思ってください。そして心に従うと決めます。幸せな人生を生きるためには、厳密な計画を立てたりスケジュールにこだわる必要はありません。実際にはそうしたものは、あなたの意図と幸せに満ちた人生からあなたを遠ざけてしまいかねません。現実的に必要な計画だけを残し、今日だけはオープンになり心と配線をつないでください。

13日目
平静な心になる

「唯一の間違いは
"瞑想しないこと"です」

　本当に心に沿った人生を生きたいのなら、平静な心になること、つまり毎日数分間の瞑想をするのが一番です。

　瞑想は、必ずしも座禅を組んで座ってしないといけないわけではありません。今すぐ、この本を読みながらでも瞑想することは可能です。本を読みながら、ただ自分の呼吸に意識を向けるだけです。それだけです。吸う息、吐く息に注意を向けてください。

　瞑想によって私の人生は変わりました。毎日瞑想するようになったのは2005年からで、時折中断することもありましたが、ほぼ毎日瞑想し続けており、人生にはとてつもなく大きな変化が起きました。以前は迷い、怒り、不満を感じていましたが、今は幸せで満ち足りて、ストレスへの対応が上手になりました。完璧な人間になったというわけではありませんが、違いは明確にあらわれています。一番強調したいのは、瞑想によって私は内なる知恵とこれまで

よりも深くつながることができるようになったことです。

　瞑想は思考を鎮め、身体をリラックスさせ、心につながりやすくします。始めたばかりではそのようには感じません。思考が急ぐからです。思考が急ぐのは、そうすることになれているからです。**思考は急ぐものだということに気づく**だけで十分です。

　思考を鎮める必要はありません。実のところなにもする必要はないのです、起きていることに意識を向ける以外は。思考をテレビ画面だと考えると、現れるものを観るだけでかまいません。思考のドラマに引き込まれたら、視聴者モードに自分を引き戻してください。

　瞑想には、呼吸を数える、呼吸を意識する、身体を意識する、思考を意識するなど、さまざまな方法があります。私の場合は思考に対しては既に時間を十分にかけているため、身体と感情に注意を向ける方法を好んで使っています。

　上手にできているか心配しないでください。す「べき」ことは座ってそこにいるだけです。思考を止めようとしなくてかまいません。呼吸の数を正しく数えたり、なにかのイメージを視覚的に浮かべることも必要ありません。ただ、起きていることに意識を向けるだけでよいのです。

　本書を書いた私の目的は、表面的な戦略を提示することではなく、私自身の人生に違いをもたらした戦略をお伝えすることであり、瞑想はそのひとつなのです。

　1日に1分間座り、呼吸に意識を向けることから始めてください。もし呼吸を数えたければ、数えてもかまいません。吸うときに1、吐くときに2、と数えます。10まで

13日目：平静な心になる

いったら1に戻ります。

　瞑想する時間を1分も取れないほど忙しいのであれば、他のことをしながらでも瞑想することが可能です。お皿を洗いながら、手の上を流れる水と、吸ったり吐いたりする呼吸に意識を向けます。

　日用品の買い物をしているときは、頭にどんな考えが浮かぶかを意識し、通路を歩くときに身体に意識を向けます。

　唯一の間違いは、瞑想しないことです。方法に決まりはありません。ですからとにかく始めて、どんな方法でも自分が納得する形で瞑想してください。方向修正はいつでも後からできます。ただし、先延ばしにしないでください。瞑想はあなたの人生を変えるのですから。

心に沿った行動ステップ

瞑想を習慣化させるのは、結果がすぐに得られることがあまりないため、難しいかもしれません。それでも行う価値がありますし、すると幸福感が上がります。瞑想を始めるにあたっての簡単な3つのヒントです。

Step 1　呼吸に意識を集中する

1日1分間、平静な心になることから始めます。座って呼吸に意識を集中します。思考を停止させたり、集中を持続しようとしなくてかまいません。思考がさまよいだしたら（そうなるものですが）、呼吸に意識を戻してください。1分たったら終わりにします。1週間続けたら、時間を2分以上で心地よいと感じる長さに伸ばします。

Step 2　自分の瞑想スタイルを見つける

ほとんどの人は1人でじっと座っていることを嫌がります。とても苦痛に感じます。この嫌がる気持ちを意識し、できるだけ行ってみてください。瞑想には他にも方法があります。ランニングや散歩、庭仕事、その他楽しくできることを使いま

13日目：平静な心になる

す。これを活動的な瞑想といいます。今している
ことを続けながら、呼吸あるいは身体に意識を向
けます。

Step 3 **行い続ける**

成功の秘訣は続けることです。時間がなければ1
分間の瞑想でもかまいません。1日1分間の瞑想
を1年間続けるほうが、1年に一度だけ365分間
の瞑想をするよりもずっと効果があります。歩い
ているときや通勤中でも呼吸に意識をむけること
はできます。

14日目
心に運転を任せる

「あなたは、心というナビゲーターに
助けを求めることができます」

　心に運転を任せるとはコントロールを手放すということです。人生を操作しようとすることをやめると、どのような感じがするのでしょうか。
　初めはコントロールすることに慣れているため怖れを感じるかもしれませんが、遊びとして取り組んでいるうちに、人生が自然に展開するのに任せると心が軽くなるのを感じるでしょう。それは私たちが常に、どこへ向かい、なにをし、どうしたら人生が望み通りになるのかを把握することに時間とエネルギーを費やしているからです。
　長い間私は人生をコントロールできるものと思っていました。すべてを計算し尽くそうとしていました。なんらかの道に進む前には保証を求めました。思うように物事が進まないことが苦痛でした。しかしとうとう限界に達し、成り行き任せにしても失うものはないと悟りました。そこでコントロールを手放してみると、とてつもなく大きな喜び

14日目：心に運転を任せる

を感じるようになったのです。いまだにコントロールと成り行き任せの間を行ったり来たりしていますが、それは私が人間だからで、人間は成長を決して止めないものだからです。

　私は無力感、怒り、挫折感を覚えると、コントロールしようとしているのだとわかります。これらの感情は、私ができないことをしようとしているというサインです。こうしたサインが現れたときは大抵、ソファに座って目を閉じ、しばらく休息することにしています。

　どんな風に心に運転させているのか、例をお見せしましょう。ストレスを感じたら、私は腰掛けて数分間呼吸に意識を集中し、心を落ち着けます。次に注意を胸の中心に置き、そこが私に伝えたがっていることに意識を向けます。

　そしてその後は、本書が伝えようとしているたったひとつのこと、つまり心の声を聞き、どこへ行けと言っているかに意識を向けることになります。どこかに行けと言われている感覚がしなければ、自分がどこで人生をコントロールしようとしているかに注目します。これをするとすぐに、どこで心に助けてもらえるかがわかります。それでもなにも感じなければ、なにに自分が興味を感じるか、なにをしたいと思っているかに注目します。

　コントロールすることを手放そうとすると、それをやめさせようとする思考が浮かびます。その思考は、そんな方法では人生を生きることはできないと言ってきます。それは無責任だと言ってきます。しかし、その思考は、無責任なのは心に従わないことだ、ということを見落としていま

す。責任が自分（や周囲の人）を不幸にするのでは意味がありません。そして心に従っても自分の責任を無視することにはならないのです。むしろ、心の声を聞くことでより多くの責任を引き受けることになります。

　それでもやはりあなたはこれからも計画を立て、これまで慣れ親んだ生き方をするでしょう。そうだとしても今度はついているアドバイザーが違います。他の人と同じように人生を生きても、これまでになく深いものとつながっているのです。

　人生をコントロールし操作しようとするのをやめると、心が軽くなり、より幸せを感じます。そして忘れないでください、人生全体をそっくり修正しようとしてはいけないということを。そうではなく、遊びとして取り組んで、自然なペースで物事のなるがままにしてください。

　自分の心に運転を任せるというのは、**自分がどんな状況で物事をコントロールしようとするのかに気づき、1歩引くこと**です。人生を放棄することではありません。自分が**完全にコントロールしようとせず、心に助けを求めることができる**と考えることです。

14日目：心に運転を任せる

心に沿った行動ステップ

今日は、心に運転を任せる実験をします。脳もそれを楽しめるよう、ちょっとした実験をするだけだと脳には言います。こちらが運転を任せるための3つのヒントです。

Step 1　**乗客になったと想像する**

しばらくの間、人生をコントロールしない生き方を想像します。居心地が悪いかもしれませんが、遊びのつもりで試してみてください。後でいつでも今までの方法に戻ることができます。ハンドルを手放して心に操縦を任せます。今日1日だけは、心に導いてもらいましょう。

Step 2　**心の働き方を知る**

心に助けてもらうためには、心がどのように働くかを知らなければなりません。そのためになにをしたらよいかは、私には教えることはできません。なぜなら、あなたの心があなたにどのように語りかけるかは、あなた自身で見つけるしかないからです。私の心は、本書の冒頭でご紹介したように、大抵は感覚を通して語りかけてきます。な

にかをするよう駆り立てられるか、あるいはそうした感覚がないかです。

Step 3 **真実**

そもそも完全にコントロールすることはできないということを悟りましょう。人生で最も大きな出来事をいくつか思い出してください。それらが起こるためになくてはならなかったさまざまな出来事をすべて考えます。なんと素晴らしい無限に広がる混沌でしょう。これを試し、なにがあなたに有効かを見つけてください。ぴったり感じるものがない場合は、好きなように作ってください。

15日目
遊ぶ

「人生とは少し不真面目に向き合うくらいが
ちょうどいいのです」

　心につながることを真面目に捉えすぎていると、つながることができません。心につながる試験があるわけではないのです。誰かの期待に応える必要もありません。人生と遊んでみるだけでよいのです。

　心に従って生きるようになると、なにに対しても深刻に考えすぎなくなります。というのも真実がある程度見えてくるからです。自分の外側にあるものはすべて移り変わります。身体もある時点では健康でも、次は病気になるかもしれません。友人はやってきては去っていきます。お金も入っては出ていきます。成功も訪れたり消えたりします。**人生は常に変化するものなのに、なにかにしがみついていたのではどうなるでしょう。すべてが遊びや実験だった子どもの頃に持っていた軽さをもう一度見つけることが、人生と遊ぶ鍵です。**

　人生を振り返ると、**人生についてあまり真剣に悩んでい**

ないときのほうが最高の結果を得ているのではないでしょうか。究極の望みは、結局は「遊ぶこと」と言えるのではないでしょうか。それなら、今すぐそれを始めてはどうでしょうか。

　遊ぶことに深刻になってはいけません。遊ぶ「べき」と考えないでください。そうではなく、本章を読み終えたら遊びに意識を向けるようにし、コントロールしようとせず、自然に人生に遊びが入ってくるようにします。つまり内なる知恵にペースを決めてもらうのです。

　2011年12月に私は父親になりました。息子は人生を楽しむことにかけては最高の教師です。心に従う優れた力を持っています。彼は自分が楽しいと思うことだけをします。壁に絵を描き、食べ物を床にぶちまけ、ドッグフードを食べ、そしてどうなるかを見るのです。彼には目標がありません。目標がなんなのかと悩むことすらありません。目標がなにを意味するかを知らないからです。彼のことを考えるだけで、私は楽しくなります。

　自分が真面目になりすぎていると気づいたときに、そこから抜け出すのを助けてくれるのは、**ふざけることを自分に許す**ことです。文章にもっと遊びを取り入れる必要があると、文章を書きまくります。特定の結果を出そうとするのをやめ、ただ書きます。漫画を描くことに真面目になりすぎているときは、落書きを書き散らします。

　自分の人生を子どもと比べることすら非現実的だという人もいるかもしれませんが、本当にそうでしょうか。**人生を真面目に考えなければいけない、と信じるほうが非現実**

的です。真面目でいれば幸せな人生になるという保証はどこにもありません。**実際、自分の人生を振り返って、真面目と不幸には強い相関関係があると感じます。**

　現実的になるというのは人生の真の姿を見ること、**人生は冒険である**と考えることです。もちろん、人生には集中と決断を要するものはありますが、だからといって人生について真面目でなければいけないというわけではありません。遊びつつ、それでもきちんと成し遂げることはできます。

「でも遊んでいたら、お金がなくなって飢え死してしまう」と思っているかもしれません。これはほとんどの人に共通の反応です。私たちは遊んでいては生活に必要なものを満たすことはできないと教えられてきました。人生を捨ててとにかく遊べ、と言っているのではありません。どうしたら人生に遊びをもっと取り入れることができるかを考えてくださいと言っているのです。大好きなことをしながら、きちんと生活費を稼げている人は存在しています。ですからそれは可能なはずです。白か黒か、どちらかひとつしか選べない問題ではありません。遊びを楽しみながら生計を立てることは可能です。適用できる場ならどこででも遊びを取り入れ、遊びの範囲が自然に拡大するに任せましょう。

　遊びは自然な状態です。計算通りに人生を送ることはできません。**未来がどうなるかはわからない**のですから、**今あるものを楽しんで、人生がどこへ連れて行ってくれるかを見るほうがよい**とは思いませんか？

心に沿った行動ステップ

人生にもっと遊びを取り入れることが苦しくてはいけません。真剣に考えすぎてはかえって台無しになります。深呼吸をして、リラックスし、もっとふざけてみたらどんな感じがするか想像します。では、方法のヒントです。

Step 1 　現在に集中する

幼い子どもはほとんど常に今現在に意識を集中しています。未来を心配したり、過去を後悔したりはしません。年長になっていくと真面目になることを学び、それによって不幸になります。遊ぶためには、今ここに集中しなければなりません。物事がこれからどうなるかをコントロールしようとせず、今この瞬間を楽しみましょう。

Step 2 　なにも深刻ではない

子どもたちを見てください。彼らは人生を深刻に考えていません。そうするべきだと知らないからです。一方、私たち大人は、対処すべき「深刻な」ことがあるから、人生を深刻に捉えます。しかし、そんなに深刻にならなければいけないので

しょうか。いいえ、そんなことはありません。今日は、どんな場面で自分が厳しくなるのかを意識しましょう。人生のどんな面について深刻に考えなければいけないと思っているでしょうか。

Step 3 **喜びの注入**

自分を深刻にさせるものがわかったら、そこに遊びを注入してみましょう。どうしたら最も上手にそれができるか心に聞いてください。私は、自分を現在に集中させ、最終結果をコントロールしようとするのを手放す方法が好きです。逆のことを言っているようですが、一生懸命しようとするのをやめると、より良い結果を得られます。

16日目
きずなを断つ

「誰と疎遠になり、誰と友人になるか？
それは"感じる"心が決めること」

　今、付き合っている友人たちは5年前の友人たちとは違います。子どもの頃の友人たちとは次第に疎遠になりました。まるで冷蔵庫につける磁石のようで、年月がたつと磁力を失い床に落ちてしまいます。

　心に沿った生き方を深めていくと、自然と疎遠になる人が出て、ある時点できずなを断たなければならなくなります。

　きずなを断つといっても、言葉の響きほど乱暴なことではありません。私が友人たちと疎遠になったとき、それは自然に起こりました。ただ連絡を取り合わなくなっただけです。ばったり会ったときに話したり、または年に数回はメールのやり取りをするでしょうが、それ以上の付き合いはありません。

　昔の友人などの関係を手放すときというのは、ものが生活から消えていくのと同じです。身軽になったと感じ、人

16日目：きずなを断つ

生から「べき」が1つ減ります。なぜなら、率直に言って一緒にいたくない人たちと過ごすことに時間を費やすと、あなたのエネルギーが奪われるからです。

　自分の心に響かない人たちと一緒に居続けることは、自分を不幸にします。**新たに友人をつくれなかったらどうしようと思うと、そうした人たちとの関係を手放したくないと思うかもしれません。でもそれは、変化が間近にやってくると必ず現れる、ただの怖れです。**

　心にはあなたが取るべき行動がわかっています。あからさまな形では伝えてこないかもしれませんが、感覚としてそれを伝えてくるでしょう。

　誰と友人になるのか、どんな人間関係をもつかを前もって決める必要はありません。**自然と展開していくのに任せればよい**のです。

　また、誰かと数年の間は疎遠になっても、後でまた縁が戻ってくることがあり、そうなるとそのつながりは以前よりも強くなることもあるので、人生がどうなるのかは決して事前にはわからないのです。

　きずなを断つときに私が気をつけてきたことは、突然に断たないことです。ある人とはもう友人ではないとはっきりさせたいと思うことがありますが、そういうときでもせいぜいできるのは、事態が勝手に公になるに任せることだと知りました。ただし恋愛関係においては、相手にそのことを明確に伝える必要があるでしょう。ですから必要に応じて常識的に考えてください。

　友人と疎遠になるのは楽しいことではありませんが、そ

れはそういうものなのです。かつては共に素晴らしい時間を過ごしたかもしれませんが、あなたはそのときのあなたではなく、今は先へ進むときなのです。

心に沿った行動ステップ

心に響かない関係を続けることはできません。その関係はあなたのエネルギーを奪うばかりですし、心に従うことを妨げます。一般的にはこんなアドバイスはされないでしょう。なぜなら私たちは友人と疎遠になることを望まないからです。しかし、さよならを言わなければならないときがあるのです。もはやあなたに合わなくなった人間関係を手放すための3つの行動ステップです。

Step 1　古くなった関係を見つける

友人をはじめとする人間関係の中で流れが途絶えているものに注目してみます。その関係を続けていきたいですか。もしそうなら、どのようにして続けていきますか？　そうするとどんな気持ちになりますか？

Step 2　人生に決定を任せる

心に意識を向け、なにが適切だと感じるかに注目します。そのメッセージは希望をくれる優しいものでしょう。一方で思考は貪欲に「前進」したがるものです。各友人との関係が今後どうなるかは

あなたにはわかりません。友人は来たり去ったりを繰り返すものです。その中では毎日やりとりすることもあれば数年間もなにもなかったりするのです。

Step 3 **内なる知恵を使う**

結局、心の声を聞くということなのです。本書で繰り返されているパターンにお気づきですか。この繰り返しを退屈に感じている方もいるかもしれませんが、あなた自身の心の声を聞くことが満ち足りた人生に至る道だと気づくのが早いほど、一層幸せになるのです。この本で伝えたいのは万人に当てはまるヒントではありません。あなたに自分の内なる知恵と真の力を指し示すことがこの本の目的です。なぜならそこでこそ、真の変化が起こるからです。

17日目：関係を進化させる

17日目
関係を進化させる

「そのままのあなたでいい。それなら
ありのままの他人も受け入れましょう」

　私はパートナーのインゲラと素晴らしい関係を築いていますが、それが完璧な関係だなどと嘘を言うつもりはありません。なぜなら**完璧な関係など、どこにも存在しない**からです。

　人間関係は教師です。インゲラと私はお互いに対しイライラすることがあっても、それが正常だとわかっています。できるだけ2人で話をするようにしていますし、私たちは今も学びの途上です。

　人生で出会う人との関係からはなにかしら学ぶものがあります。だからといって誰とも離れるべきではない、ということではありません。どんなときにさよならを言うかを学ぶべき場合もあります。相手のどんなところを自分が変えたいと思っているかに着目すると、その人間関係から学ぶべきことがなんなのかが分かることがよくあります。

　例えば、インゲラと私は掃除の仕方で喧嘩になることが

あります。彼女は一度にまとめて掃除するのが好きですが、私は常に綺麗な状態にしておくことが好きなので、いつもなにかしら掃除したがります。初め私は彼女の方法を変えようとしました。そして正直に言うと、今でも時々はそうしようとします。しかし次第に、彼女の方法を受け入れるようになりました。掃除の仕方は私たちの関係性ほど重要ではないと気づいたのです。

　もう1つの例として、息子ヴィンセントとの関係があります。私は人をコントロールするのは好きではありませんが、息子が成長したことで試練にさらされるようになりました。私は彼の行動に目を配らなくてはなりません。ものを壊したり、怪我をしそうな場合は、彼を止めなければなりません。この状況を受け入れることを学ばざるを得ませんでした。しかしそれによって、私は今この瞬間に、そして自分の心の一層深いところに、つながることができるようになりました。

　こうした学びと、人間関係を次のレベルへ移行させることとの間にどんな関係があるのでしょうか。それは、**人をその人のまま受け入れる**、ということです。誰かを受け入れることができなければ、一緒にいたくなくなります。誰かを変えようとすると膨大なエネルギーを使い、しかも誰かに変わって欲しいと思うと、たとえそれが善良な意図だったとしても、その人はそのままではだめだ、というメッセージを瞬時に送ることになります。

　もし私がインゲラに私の方法に変えるべきだと伝えたなら、その瞬間私は彼女に対し、無意識にとはいえ、彼女の

方法は間違っている、と言っていることになります。それが私たちの関係に摩擦を生み出します。

これは決して話し合わないということではありません。実際私たちは話し合います。ただし話し合いは穏やかにするべきで、自分が好きな方法となぜ好きなのか、その理由を伝えるだけです。

こんな風に書くと居心地が悪く感じる人もいます。ですから大抵の人は文句を言ったり、口論したり、感情をぶつけたりするのです。友人たちへの話し方と、妻や夫への話し方とは違うものです。しかし結局のところ、相手を受け入れるとは、心をオープンにしようとすることであり、あなたの主張する方法は、あなたがその方法をたまたま取っているというだけであって、それが最善だとは限らないと気づくことなのです。

人間関係において私が気をつけていることは、後ろ向きな精神状態にいるときには行動を起こさないことです。せいぜい静かにして嵐が過ぎ去るのをじっと待ちます。

ついてない１日になりそうで、しかもパートナーの体重が増えたとなったら、気分が変わるまで待つほうがよいでしょう。そうでないと喧嘩になりかねません。

恋愛関係でもそれ以外の関係でも発展させるには心を開くことです。誰とでもできることではありません。すべての人がそのつもりでいるわけではありませんから。しかしたとえ相手があなたと一緒に自分の心と深くつながろうとしていない人であっても、彼らに話しかけることはできますし、なにが起きているのかを理解することはできます。

心に沿った行動ステップ

人間関係では、コミュニケーションがすべてです。心を開けば開くほど、関係性は深くなり、満ち足りていきます。人間関係を発展させる方法についてのヒントです。

Step 1　心をオープンにする

どんな場面で自分を守ろうとし、どんな人間関係の中で萎縮するのかを意識します。あなたが最も怖れているものはなんでしょうか？　今、なんらかの人間関係を持っていない人でも、これらの質問は無関係ではありません。そういった人も怖れをもち、心を鎧で固めています。

Step 2　受け入れる

自分が人をどのように変えたいと思っているかに気づきましょう。もっと責任感をもってほしいと思っているでしょうか。あなたのように自己成長してほしいと思っているでしょうか。なんであれそれを手放し、あるがままに相手を受け入れましょう。自分の中にどんな感情があるかに気づき、それを受け入れることで、彼らを受け入れる

17日目：関係を進化させる

ことができます。あなたはあなたのままでよいのです。ですから人もありのままでいることを認めましょう。もちろん例外はありますが、それはまた別の話です。

Step 3　期待を手放す

しばらくの間、周囲の人との関係に対する期待を手放してみましょう。彼らに最高を期待したいのはわかります。しかし、それはなんの役にも立ちません。さらなる摩擦と抵抗を生んでしまいます。誰かがあなたになにかをしてほしいと思うと、あなたの中に抵抗が生まれることに気づいていますか。同じことが、あなたが人を変えようとしたときに相手に起こります。ですから鍵は、手放すこと、自分の人生を生きること、他の人はその人が望むときに変化するのに任せること、です。

18日目
物事を個人攻撃として捉えない

「その敵意は、本当にあなたに向けられたものでしょうか？」

　もし誰かに「デブ」「まぬけ」「無能」と言われたらどう反応しますか？　そう言われて嬉しくはありませんよね。
　かつて私は誰かに否定的なことを言われるとカンカンになって怒っていました。もしクライアント（私はオンラインビジネスを経営しています）から怒りのメールが来ようものなら、まるで個人的に攻撃されているように感じたでしょう。今は、その怒りが彼らの中にある問題だとわかっています。彼らが感じているものを表現しているのであって、たまたま私がその前にいただけなのだと。
　誤解しないでいただきたいのですが、私の仕事に関して、修正する必要のあることを指摘された場合はきちんと聞きます。しかし、それでもそれを私個人に対することとは考えません。
　私たちはなんでも自分個人に向けられていると考えがちです。時間通りに来ない人がいると、それを自分へのあて

18日目：物事を個人攻撃として捉えない

つけであるかのように考え、なぜ来なかったのかについてのストーリーを勝手に作り始めます。

　なんでも自分への攻撃だと捉えようとする癖を緩めてみたところ、人生に幸せが花のように開き、心とのつながりが深まりました。1日でそうなったわけではありません。これには数年かかりました。今でも反応することはありますが、かつてほどではなくなりました。

　私の例を挙げましょう。数年前であれば、もし誰かとぶつかってその人が私を非難したら、私は一気に気持ちが急降下したでしょう。家の中で座り込んで、なぜあの人はあんなことを言ったのかといつまでもくよくよと考えました。それは数日続くこともあり、憂鬱な気持ちになっていたのです。私の幸せは他の人の言うことに左右されていました。肯定的なことを言われれば、世界の頂点に上り詰めたような気分になり、もし非難されれば、自分が無価値だと感じ惨めな気持ちになりました。

　では、物事を個人攻撃と捉えないためにはどうしたらよいでしょうか。私の場合、最初の反応の後で自分がどんな反応をしているかに注目することから始めました。例えばもし今日、不愉快なメールを受け取ったら、やはり感情的に反応するでしょう。しかしすぐに、その後にどうなるかに注意を向けます。自分に信じ込ませようと作り出したストーリーに意識を向けます。そうした自分の中に起こることに気づくだけで、気持ちが落ち着いていきます。これをすることで視点を相手に移すことにも役立ちます。彼らがそうした行動に出るのは、そうなるほど苦しんでいるから

に違いないのです。

　残念ながら個人攻撃と捉える癖を簡単に修正する方法はありません。**自分のパターンとそうなる過程を明らかにする必要があります。頭の中で起こることを逐一記録する必要はありません。なにが起きているかにもっと意識を向けるようにするだけです。**

　反応を全く消そうとしてはいけません。反応をすべて消すことはできないからです。人は完璧にはなれません。完璧になろうとするのは、これもまた注意を向ける必要のある、あなたのパターンです。

　自分がどのように物事を解釈するかに気づくことです。そして、本当はなにも自分への攻撃ではない、ということにも気づいてください。怒りを感じたら、その怒りを表したいと思うかもしれません。自分を癒す方法は人それぞれに異なります。ある人にとっては怒りのメールを送りつけることかもしれませんし、走ることで癒される人もいます。

18日目：物事を個人攻撃として捉えない

心に沿った行動ステップ

物事を個人攻撃と捉えることをやめると、人生に平安と幸せが増えます。重荷がひとつならず取り除かれ、それによってさらに心とつながることができるようになります。自分に向けられた攻撃と捉えるのを手放す方法を次に挙げました。

Step 1　視点を変える

自分について考えるのではなく、他の人に視点を移します。もし誰かが無礼な態度をとったら、どのように無礼だったかをくよくよ考えるのではなく、そういう態度をとるということはその人がなにを感じていたのかに注目します。心に意識を向け相手の幸せを（心の中で）願います。

Step 2　似ているところを認識する

自分を抑えることがすぐにはできなくても大丈夫です。大切なのは、そうだと認識し、より意識することです。自分が昔、誰かを攻撃したときのことを考えてください。そのとき、どんな風に感じていましたか？　なぜそのように感じたのでしょう？　あとで自分が言ったことを後悔しました

か？　私たちはみな、根は同じなのです。同じ怖れと夢を持っているのです。人生がうまくいっていないように感じるときは、不安になったり怖くなったりします。それを周囲の人に八つ当たりします。人が負の感情を表現するときは、その人の中に痛みや苦しみがあるのです。

Step 3　思いやり

今日は、人が敵意を見せたら心を閉ざすのではなく、開いてください。どこから敵意が来るのかを思い出してください。もしパートナーがあなたに怒っていたら、それを自分に向けられていると捉えず、彼女が幸せになるよう願いましょう。彼女の問題を解いてあげようとしたり、彼女の気分をよくしようとする必要はありません。受容するゆとりと心の広さを持ってください。このエネルギーだけでも周囲の人に、彼らがそれと気づかなかったとしても、影響をあたえます。

19日目：豊かさを許す

19日目
豊かさを許す

「本当に欲しいものがなにか"感じる"ことができていますか？」

　第1章で心を使って希望にぴったり合った家を見つけたことを書きました。ここではそのことについてもっと詳しくお話ししたいと思います。というのも、私はある意味でその家が私のところにくるのを許したと言えるからです。最近の豊かさについての本を読むと、引き寄せ、受け取る、ということがよく書いてあります。それもよいのですが、私はそれを「許す」と捉えています。もっと緩い方法です。

　「豊かさを許す」とは心に従うことですが、同時に自分の怖れと向き合うことでもあり、成功、あるいは意図を実現するために必要なことはなんでも、自分にはそれを手に入れる価値があると知ることです。お金や車、名声などを手に入れることではなく、自分の心に従うことに集中します。

　表面的な願望ではなく、意図の力を利用します。あなたは世界に貢献することになり、あなたの意図を実現するた

めに必要なものが集まってきます。

　表面的な願望が問題なのは、それが怖れから来ていることが多いからです。たくさんのお金が欲しいと思っている場合、その願望は不安や失敗の怖れ、愛されないこと、その他の根源的な怖れから来ている可能性が高いのです。

　私たち夫婦の場合、家族が増えることになっていたので家が必要でした。約1年前からもっと広い家が必要だったのに、私は怖れに止められたままでした。経済的状況がどうなるか心配だったのです。今は時間をかけたことを後悔していません。私の準備が整ったタイミングで買う家がやってきたからです。

　その家が私の人生にやってくるのを許すために私がまずしたのは、家に求めるものを明確にすることでした。インゲラと私は、なにを犠牲にするか、優先するものはなにかを話し合いました。それをし尽くしたら、後は成り行きに任せ、心の声を聞くようにしました。

　心からの最初の合図はいくつかの物件を見に行けというものだったので、複数の不動産屋に電話し、売りに出ている家を見に行きました。

　私たちの探し方はゆったりとしたものだったので、「許す」という言葉がぴったりでした。急いでいなかったし、すぐに家を買わなければならないとも思っていませんでした。最終的にはぴったりのものが見つかるとわかっていましたし、実際にそうなりました。

　許すことは人生のすべてにおいて効き目があります。ことの大きさは問題ではありません。家や車かもしれません

19日目：豊かさを許す

し、新しい小説のプロットかもしれません。どんな場合でも、欲しいもの、あるいは必要なものを明確にすることから始め、それができたら後は成り行きに任せます。任せたら心の合図に従います。合図は感覚として来るかもしれませんし、ひらめきや直感かもしれませんし、偶然の出来事として来るかもしれません。**無理に進めるのではなく、やって来るのを許すという姿勢が重要**です。

人生に豊かさが来るのを許すことに対し、心の中にブロックがあることに気づくでしょう。お金は悪いものだと考えていると、お金持ちになることを許すのが難しいかもしれません。この段階でブロックとなるものにはいろいろなものがあります。それらを解決する必要はなく、ただそれらに気づくだけでかまいません。

私がそうだったように、あなたも無理に進めるという落とし穴に何度も落ちるかもしれません。数カ月かけて家を探しているうちに私は我慢できなくなって、驚くなかれ、無力感を感じ不安になりました。自分になにが起きているかに気づいてからは、1歩引いて、深呼吸をし、心を落ち着かせました。

人生は、名声やお金や成功といったものを追わなくてもよいと気づくと、生きやすくなります。心に従うことができるようになります。怖れを一掃しようとしたり、他の人の意見に左右されながら生きなくてよいのです。ただ自分の心に従い、**なにを求めているのかを明確にし、それがあなたのところに来てくれるのを許す**だけです。

心に沿った行動ステップ

人生に豊かさが訪れるのを許すのに最も良いのは、心を使うことです。これは、本当は他の人のものなのに自分のものだと思っている表面的な願望の奥を見ることです。人は望む「べき」ものを外から学び、自分が本当に望んでいるものをすっかり忘れてしまいます。説明はこれぐらいにしましょう。人生に豊かさを許すプロセスを起こさせるための3つのヒントです。

Step 1 　明確にする

欲しいものを明確に、具体的にします。心のGPSに最終目的地を伝えます。これは、家のような具体的なものには有効ですが、「作家になる」といったような願望にはうまく働きません。そうした願望の場合は、全体的な方向を決めてください。それから次のステップに進みます。

Step 2 　手掛かりに従う

最終目的地あるいは全体的な方向が決まったら、今度は心のGPSに従います。心が送ってくる合図に耳を傾けましょう。なにが適切だと感じます

19日目：豊かさを許す

か？　なにに引きつけられる気がしますか？　そこへ行き、一度に1歩だけ、進むことに集中してください。

Step 3　特定の結果にこだわらない

なにが現れても受け入れられるようにしてください。ほとんどの人が豊かになろうとして、強引に無理矢理に手に入れようとします。それではあまりにも多くのエネルギーが必要なので、私の場合は向こうから来てくれるのを許す方法をとっているのです。

20日目
最初の1歩を踏み出す

「怖くても、混乱しても、挫折感を覚えても、
　まずは始めてみてください」

　私はずっと大好きなことだけを仕事にしてきたわけではありません。何年もの間、待ちました。怖れが消えるのを待ちました。なにかが起こるのを待ちました。もっとよくわかるまで待ちました。もっとお金ができるまで待ちました。あれもこれも不安でした。なぜ心が喜ぶことをできないのか、私なりの理由がありましたが、自分の言い訳がつくづく嫌になって、とにかく始めようと決めました。失敗や人に笑われる可能性は気になりませんでした。もう自分を止めておくことはできなかったので、最初の1歩を踏み出したのです。

　このときの最初の行動が、ブログ、本、講座を通して多くの人の手助けをしている今の私につながっています。自分が今のようになるとは当時は思いもよりませんでしたが、最初の1歩を踏み出してよかったと思います。

　自慢したくて言っているのではありません。あなたにも

20日目：最初の1歩を踏み出す

同じことができることを示したいのです。あなたも心に従うことができます。私には特別な才能や力はなにもありません。ただ多くの人よりも少し頑固なだけです。

本書も終わりに近づきつつありますが、たとえ怖くても、たとえ混乱しても、たとえ挫折を感じても、心に従うよう強く勧めます。**一度に1歩だけ、進めばよいのです。どうなるかわからなくてよいのです。ただ始めるだけです。**

勇気を持って始めることができたら、宇宙はあなたと共に進みます。シンクロニシティ（共時性、偶然の一致）やセレンディピティ（ひらめきを得る能力）が起こるようになります。ただし動かない限りはなにも起きません。

じっと動かずにいることもできますが、そのためにあなたはこの本を読んでいるわけではありませんよね。心の奥では、変化する必要があるとわかっているはずです。ありがたいことに、変化は大きくなくてかまいません。人生すべてをそっくり修正する必要はありません。小さな1歩を踏み出すだけでよいのです。たった1歩だけ。

始めるのが難しいのは私にもわかります。心の声を聞くのも難しいです。それで行きたい所へ辿り着けるかどうか確信が持てないからです。私がそうだったように、自分の心を信じることを始める前に、別のありとあらゆることを試してみる人もいるでしょう。

私は人生に抵抗するのをやめて流れに任せるようにしたとき、安堵のため息が出ました。まだ課題はありますが、今は一度に一瞬ずつ人生をとにかく生きればよいのだと実感しています。

人生は素晴らしい謎です。どこに連れて行ってくれるか全く予想がつきません。ついてない今日という日が明日は恵みの1日に変わるかどうか今はわかりません。

　未来を予言することは不可能です。できることはただ自分の心に従うことと、常識を働かせることです。心に従うことは魔法ではありませんが、魔法のようなことが起こります。心に沿った生き方をし始めれば、私の言っていることがわかります。

　心が実行するようにと合図を出してくるものがなんであれ、それを行ってください。最初の1歩を踏み出してください。それでどうなるのかと先回りして考えるのはやめましょう。なにが起こるかを予想する代わりに、1歩を踏み出して、なにが起きるかを見てみましょう。

20日目：最初の1歩を踏み出す

心に沿った行動ステップ

もし人生にもっと多くの満足、意図、幸せを求めるのなら、最初の1歩を踏み出さなければなりません。それまではなにも起こりません。踏み出すための3つのヒントです。

Step 1　自分の喜びを追う

本書のステップのほとんどは心の声を聞くことから始まります。そして今回のステップもまた同じです。分子レベルではあなたと私、そしてすべてのものが絡み合っているため、心はすべてのものにつながっています。人生ではすべてが分離しているように見えますが、心は世界をそのようには見ていません。ですから心に従って生きるとシンクロニシティが当たり前に起こるようになるのです。

Step 2　ゆっくり落ち着いて

どこに行こうとしているのかわからなくてよいのです。一度に1歩を踏み出すだけでかまいません。頭で考えてもよいですが、必ず心の声を聞くところへ立ち戻ってください。頭は心の召使いで

す。無力感を覚えたら、1歩下がって、リラックスし、休んでください。

Step 3 　大きな考えに気をつける

挫折感や怖れ、迷いがあると大きく考えすぎるものです。そういうときは、今この瞬間に視点を戻し、一度に1歩ずつ進むことに集中します。霧についてお話ししたのを思い出してください。これも同じことです。なにが来るかはわかりませんが、前に進み続ければ次にどこへ行く必要があるかがわかります。

21日目
手放す

「未来をコントロールできなくても
いいことに気づきましょう」

　10年前の私は、人生をコントロールしようとする人の典型でした。あらゆることで結果にこだわっていました。自分の人生がどこへ向かっているのか、さまざまな出来事が未来にどんな意味を持つのかがわかっていると自分では思っていました。でも現実には、なにもわかっていなかったのです。今ならそれが理解できます。

　この最終章では手放すことを扱います。自分が思うあるべき姿、達成すべきと思っていることを手放します。幸せになるためになにかをする必要はありません。だからといってソファに座って一日中映画を見ているということでもありません。

　私の言う手放すとは、**一度もコントロールしたことのないもの、つまり未来をコントロールしようと握っている手を緩める**ことから始まります。本書が伝えたいことは心に従うことに尽きます。これまで私の最大の気づきと最大の

教訓をいくつかご紹介してきましたが、ここに書いてあることを鵜呑みにはしないでください。自分で試していただきたいのです。そして、あなたにはなにが有効なのかを見つけてください。学んだことを使ってみるまでは内なる力を利用することはできません。

　コントロールを手放すとは、選択しないということではありません。**なにが自分にとって最善かは必ずしも事前にわかるわけではないということに気づく**ということです。

　辛い出来事のおかげで人生最大の成長を得られることは多々あります。私たちは苦しみを経験することで、内面を見て変わらざるを得なくなります。

　具体的な例を挙げましょう。以前の私は、お金の心配があると、その心配に引っ張られたものでした。とうとう存在してもいない問題の解決策を見つけようとして、疲れ切ってしまいました。今は自分が心配していることに気づいたら、できるだけ今この瞬間に留まるようにします。今できることがあればそれをします。ただし心配を受け入れ、心に意識を置き、そして手放します。

　現実を忘れるということではありません。請求書の支払いはしなければなりませんし、したくないことをしなくてはならないこともいまだにあります。それでも、**常に答えがわかっている必要はないと気づくことが手放すこと**です。手放しても、生活の現実的な問題には対処できます。ただし、もっとリラックスして楽しい方法で。

　本書であなたが学んできたように、私は今も、あなたと同じように学んでいます。学びが終わることは永遠にない

21日目：手放す

でしょう。それなら生きている限り課題にはぶつかり続けるものだと受け入れたほうがよくはありませんか？　その鍵となるのは、問題や課題をすべて取り去ろうとするのではなく、人生の一部として受け入れることです。

　手放すことを、新たなすべきことだと思わないでください。手放すことを頭に置きながら生活し、できるだけ思考に捉われないようにします。満足するために焦って他の誰かになろうとしたり、なにかを達成したりする必要はないということを忘れないでください。

　心はあなたにとってなにが適切か、そしてなにが適切ではないかを知っています。他の人からアドバイスされることもあるでしょうが、そのアドバイスが真実かどうかは自分で見出すしかないのです。

　手放すことは簡単ではありません。実際、ほとんどの人はそれをなんとしても避けようとします。なぜなら彼らは人生を完璧にコントロールしていると思っているからです。あなたには**選択する力がある一方で、人生をコントロールしたり計画通りに進めたりはできない**ということを認めなければなりません。

　そして、よろしいですか？　初めは手放せません。それでよいのです。手放せないからといって自分を責めないでください。手放そうとしているものに寄り添い、手放せるものを手放せばよいのです。残りはそのままに。

心に沿った行動ステップ

平安は人生が完璧になったときに訪れるのではありません。常に私たちの中にあります。それがあなたの本来の姿です。遊びながら手放すための３つのヒントです。

Step 1　頑張りすぎをやめる

一生懸命に努力してすべてを計画通りに進めなければならないと私たちは教えられます。コントロールしなければならないと。でももし本当はそうではないとしたら？　もし人生が自然に展開するに任せてよいとしたら？　これからの一生をそんなふうに生きなくてはいけないと言っているわけではありません。たった１日だけ試してみてはどうですか、という提案です。１日だけ、頑張るのをやめて、そうするとどうなるのかを味わってください。

Step 2　心を信じる

心を信じると、そんなに無理して頑張らなくてもよいということがわかります。次になにが起こるかわかっていなくても大丈夫です。より多くの幸

21日目：手放す

せと満足を感じます。それこそが誰もが望むもので、すべてはまさにあなたの心の中にあります。今日は心の中で、心が伝えているものを楽しみましょう。

Step 3 楽しむ

結局のところ、人生は今この瞬間を楽しむことに尽きるのです。なにも待つ必要はありません。心に従うのを待つ必要もありません、人生を楽しむことは今すぐできます。友人、家族、なんでも人生にあるものを楽しみましょう。楽しい1日を自分に与えましょう。あなたにはその価値があります。

おわりに

　とうとう本書の終わりに来ました。1日に1章ずつ進んできたのではなくても大丈夫です。学んだことを心に刻み、人生で活かすことが重要です。疑いがあってもかまいません。言われたことを鵜呑みにしていないという証拠ですから。ただしそれも度を越さないように注意してください。学んだことを実験し、それが自分に有効かどうかを見極めてください。

　お気づきのように、本書では同じことをいくつもの章で繰り返してお伝えしています。その核となるテーマを各章ごとに異なる角度から扱っており、それによって学んだことが定着しやすくなります。本書を通して伝えていることはただ1つ、心に従いなさい、です。

　記憶を新たにするため、心に沿った生き方をするための3つの基本要素を挙げておきます。

① 　聞く
　　心があなたになんと言っているかを聞くことが始まりです。心はどこにあなたを連れて行ってくれるのでしょう？　なにを魅力的に感じるでしょう？　初めのうちは、心がどんな形で伝えてくるかはわかりません。それでも、わかるふりをしてください。遊びのつもりで行ってください。楽しんでください。

② **進む**
1歩を踏み出します。頭を使い怖れを尊重しつつ、心が出す合図にできるだけ従います。前に進むために人生についてすべてわかっていなくてもよいと理解しましょう。一度に小さく1歩進むことだけ、そして心の声を聞くことだけに注意を払います。

③ **受け入れる**
時には止まってすべての怖れ、不安、心配を受け入れます。無力感に襲われたとき、頑張りすぎているとき、そうした状態に自分があることに気づいてください。その感覚を受け入れましょう。それらを追いやらないでください。身体の中にあるがままにしてください。

　心に従うことを習得するのは簡単ではありません。心に操縦を任せることを学んだばかりのときは、うまくいかない場合がよくあるものです。頭はまだ人生をコントロールしていると思い込んでいるため、コントロールを手放そうとしません。頭は、答えが見つかりさえすればすべては大丈夫だと思い込んでいるのです。
　でも本当は、今この瞬間からすべては大丈夫なのです。人生はあるべき形で展開しています。聞きたくないかもしれませんが、思い出してください、私は人生の生き方やな

にを信じるべきかを伝えるために、この本を書いたわけではありません。私が**どのように世界を見ていて、どのように心に沿って生きているか**をお伝えするためです。

　本書の中にあなたの心に響くものがあれば嬉しく思います。それが心に従う最初の1歩となるからです。書いてあることすべてがあなたに合うとは思っていません。本書の中から数個でも役に立つものがあればそれで十分です。

　最も心に響いた章を心の赴くままに読み返してください。そこを足掛かりにし、試してください。1日に1章ずつではなく、1週間に1章、あるいは1カ月に1章でもよいので試してみてください。そして準備ができたと感じたら、この本を手放し、心の声をとにかく聞いてください。それこそが真の満足と幸せを見いだせる場所なのです。

■著者プロフィール

ヘンリ・ユンティラ（*Henri Junttila*）

スウェーデン生まれ。自分の心とワクワクに従って生きるコーチであると同時に、作家、起業家としての顔を持つ。18歳のとき、一般的な働き方はできないと気づいて以来、自分の内にあるなにかに突き動かされながら、独自の道を進むようになる。「真の人生の道は、今いる道から離れれば自然と拓かれるもの」という考えのもと、10年を経た今も、自分の心と好奇心に従いながら生きることを信条とし続けている。現在は家族と共にフィンランドに在住。著書に『人生を大きくジャンプさせるワクワクの見つけ方』（ヴォイス刊）。

http://www.wakeupcloud.com/

※同著者の関連本を今後も出版予定。

■訳者プロフィール

栗宇 美帆（*Miho Kuriu*）

学習院大学文学部史学科卒。2001年9月11日の米国同時多発テロ事件でうけた衝撃から、自分にできることを考えるようになり、英文科卒でもなく留学経験もないところから翻訳家を目指し、実務翻訳から翻訳の道に入る。さらに本当に翻訳を通して伝えたいものを模索して出版翻訳へ。同時に、人が才能を自由に発揮して自分らしく生きるためのパーソナル・コーチとしても活動。

http://ameblo.jp/kuriumiho/

「考える」より「感じる」を大切にすることが幸せへの近道
2016年2月8日　初版　発行

著　者　ヘンリ・ユンティラ
訳　者　栗宇美帆
発行者　大森浩司
発行所　株式会社 ヴォイス　出版事業部
　　　　〒106-0031　東京都港区西麻布3-24-17 広瀬ビル
　　　　☎03-5474-5777（代表）
　　　　☎03-3408-7473（編集）
　　　　📠03-5411-1939
　　　　http://www.voice-inc.co.jp/
印刷・製本　株式会社光邦

Original Text © 2013 by Henri Junttila
Japanese Text ©2015 Miho Kuriu
ISBN978-4-89976-449-6 C0011
Printed in Japan
禁無断転載・複製

VOICEのワクワクCONTENTS

人生を大きくジャンプさせる
ワクワクの見つけ方
Find Your Passion:
25 Questions You Must Ask Yourself

北欧生まれの
若手イケメン
スピリーダーが放つ
シリーズ第1弾！

自分だけの
「ワクワク」が
必ず見つかる
本

ヘンリ・ユンティラ 著
栗宇 美帆 訳

秀逸に組み立てられた多彩な質問が、
あなたの中に隠されているワクワクを
探り出します。

好評販売中！
四六判並製／定価：本体1,400円＋税
ISBN 978-4-89976-444-1

VOICE のワクワク CONTENTS

あなたの「ワクワク」は、もうとまらない

日本語版 15 万部突破！
1999 年の発売以来、世代を超えて売れ続けている超ロング＆ベストセラー。
その理由は、本書の中にあります。
ぜひ、お手にとってお確かめください。

「ワクワクという名の機関車」は、
あなたの人生をパワフルにドライブさせ、
魂が真に喜ぶ、人生の本質へと至らせる。

＜本書の「ワクワク」を発動させるユニークなポイント＞
◆自分らしい生き方をしないのは、本人だけでなく社会にも「損失」である。
◆目標を立てずに、行くべき方向だけを決めておこう。
◆ストレスの最大原因はすることが多過ぎることではなく、したくないことをすることだ。
◆ワクワクすることをしていく人生は、川下に向かって泳ぐように簡単だ。
◆ワクワクを日常生活に生かし始めると、すべての人はイキイキと輝き、心身の病も消えていく。
◆ワクワクしたことをしていると、特に探さなくても「仕事」の方があなたに惹き付けられて向こうからやってくる。
◆ワクワクすることをしていれば、お金はあとからついてくる。
◆ソースというプログラムは、あなたの人生を根本から変える力をもっている。

『ソース〜あなたの人生の源は、ワクワクすることにある。』
定価：本体 1,500 円＋税
四六判ハードカバー／ 320 頁
マイク・マクナマス 著　ヒューイ陽子 訳
ISBN978-4-900550-13-1

Kindle ストアにてデジタル版（1,200 円＋税）も好評販売中！

VOICEのワクワクCONTENTS

本を読んだ、その後は
自宅で学べる学習キットで、
さらにあなた自身の「ワクワク」を探究する！

「大好きなことの」のチカラで、
人生を大発展させる!!

★自分の「本当に好きなこと」がきっと見つかる
★あなたの個性にぴったりの「天職」が見つかる
★「豊かさをもたらす一番の分野」が見つかる
★人生に「理想のパートナー」が招き寄せられる
★家庭と社会、お金とビジョンなど「人生のバランス」がとれる
★リタイアするシニアの「第二の人生」が発見できる
★学生が社会に出るときの自分の「強み」が見つかる

◆普及版「ソース・セルフ・スタディ・キット」
定価：19,800円＋税
ISBN978-4-89976-246-1

[内容物] ●ナビゲーション＆エクササイズ誘導のCD7枚●イメージングに使える専用音楽CD●書き込んで使えるワークブック●ワクワクの地図●ポイント集リーフレット●ワクワク行動計画

非常にユニークな方法であなたの「ワクワク」探しをサポートするプログラム「ソース」。人生を強力に活性化し、長くパワフルに続けられる「天職」や「理想のパートナー」をも呼び込んでくれます。今までの啓発プログラムにない「実行可能」なプログラム。あなたの「ワクワク」を人生の全方位に使っていただき、あなたの人生を劇的に活性化します。

VOICEのワクワクCONTENTS

ワクワク探究の原点！
日本人の精神性を変えた本。

日本人の「生き方」を変えた本。
クリエイティビティを人生で実践する、多くの有名人や成功者に影響を与えた、累計200万部超のベストセラーシリーズ。
日本人が元来持つ美しい「感性」とバシャールが放つポジティブなメッセージが合わさったとき、強力に「ワクワク」が発動します。

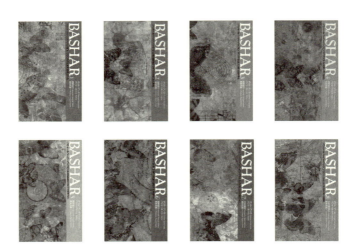

バシャールペーパーバックシリーズ①〜⑧
定価：本体　各1,000円＋税
ダリル・アンカ（バシャール）著
ISBN
① 978-4-89976-034-4　② 978-4-89976-046-7
③ 978-4-89976-049-8　④ 978-4-89976-050-4
⑤ 978-4-89976-054-2　⑥ 978-4-89976-055-9
⑦ 978-4-89976-059-7　⑧ 978-4-89976-060-3

VOICE のワクワク CONTENTS

ベストセラー作家、本田健氏のわかりやすい解説で、
バシャールのメッセージがさらに身近になる！

**私たちの未来は、私たちがえらべる！
そしていよいよ新しい時代がはじまる!!**
新書判　未来は、えらべる！
定価：本体 800 円＋税
新書判ソフトカバー／ 240 頁
ISBN978-4-89976-275-1

**「バシャールシリーズ」の珠玉のメッセージを一冊に凝縮
ワクワクすることをやって、人生に魔法をかけよう！**
人生に奇跡を起こすバシャール名言集
定価：本体 1,200 円＋税
新書判ハードカバー／ 192 頁
ISBN978-4-89976-354-3

**お金と真の豊かさを手に入れるための
"バシャールルール"ブック**
バシャールのワクワクの使い方・実践篇
定価：本体 1,200 円＋税
新書判ハードカバー／ 272 頁
ISBN978-4-89976-421-2

ヴォイスグループ情報誌 ※奇数月発行
「Innervoice」
無料購読会員募集中

主な内容
- 新刊案内
- ヒーリンググッズの新作案内
- セミナー＆ワークショップ開催情報　他

お申し込みは ✉ **member@voice-inc.co.jp** まで

※本書挟み込みハガキまたはお電話 ☎ 03-5474-5777 からもお申し込みできます。

最新情報はオフィシャルサイトにて随時更新！！

📱 http://www.voice-inc.co.jp/ （PC・スマホ版）
📱 http://www.voice-inc.co.jp/m/ （携帯版）

無料で楽しめるコンテンツ

facebook はこちら
☞ http://www.facebook.com/voicepublishing

✉ 各種メルマガ購読
☞ http://www.voice-inc.co.jp/mailmagazine/

グループ各社のご案内

- 株式会社ヴォイス　　　　　　　　　☎ 03-5474-5777（代表）
- 株式会社ヴォイスグッズ　　　　　　☎ 03-5411-1930（ヒーリンググッズの通信販売）
- 株式会社ヴォイスワークショップ　　☎ 03-5772-0511（セミナー）
- シンクロニシティ・ジャパン株式会社　☎ 03-5411-0530（セミナー）
- 株式会社ヴォイスプロジェクト　　　☎ 03-5770-3321（セミナー）

VOICE